A didática em questão

Dados Internacionais de Catalogação na Publicação (CIP)
(Câmara Brasileira do Livro, SP, Brasil)

A didática em questão / Vera Maria Candau (org.).
36. ed. – Petrópolis, RJ : Vozes, 2014.

7ª reimpressão, 2023.

ISBN 978-85-326-0093-6
Vários autores.
Bibliografia.
1. Educadores 2. Ensino 3. Professores – Formação
   I. Candau, Vera Maria.

07-2408   CDD-370.7

Índices para catálogo sistemático:
1. Didática : Ensino : Educação   370.7

Vera Maria Candau (org.)

A didática em questão

EDITORA
VOZES

Petrópolis

© 1983, Editora Vozes Ltda.
Rua Frei Luís, 100
25689-900 Petrópolis, RJ
www.vozes.com.br
Brasil

Todos os direitos reservados. Nenhuma parte desta obra poderá ser reproduzida ou transmitida por qualquer forma e/ou quaisquer meios (eletrônico ou mecânico, incluindo fotocópia e gravação) ou arquivada em qualquer sistema ou banco de dados sem permissão escrita da editora.

CONSELHO EDITORIAL

Diretor
Gilberto Gonçalves Garcia

Editores
Aline dos Santos Carneiro
Edrian Josué Pasini
Marilac Loraine Oleniki
Welder Lancieri Marchini

Conselheiros
Elói Dionísio Piva
Francisco Morás
Ludovico Garmus
Teobaldo Heidemann
Volney J. Berkenbrock

Secretário executivo
Leonardo A.R.T. dos Santos

Diagramação: AG.SR Desenv. Gráfico
Capa: Redz – Estúdio de Design

ISBN 978-85-326-0093-6

Este livro foi composto e impresso pela Editora Vozes Ltda.

"Não serei o poeta de um mundo caduco.
Também não cantarei o mundo futuro.
Estou preso à vida e olho os meus companheiros.
Estão taciturnos, mas nutrem grandes esperanças.
Entre eles considero a enorme realidade.
O presente é tão grande, não nos afastemos.
Não nos afastemos muito, vamos de mãos dadas.
Não serei o cantor de uma mulher, de uma história.
Não direi os suspiros ao anoitecer, a paisagem
vista da janela, não distribuirei entorpecentes
ou cartas de suicida,
não fugirei para as ilhas nem serei raptado por
serafins.
O tempo é minha matéria, o tempo presente,
os homens presentes,
a vida presente."

Carlos Drummond de Andrade
MÃOS DADAS

SUMÁRIO

Apresentação, 9

I. Papel da didática na formação de educadores, 11

1. A didática e a formação de educadores – Da exaltação à negação: a busca da relevância, 13
Vera Maria Candau

2. O papel da didática na formação do educador, 25
Cipriano Carlos Luckesi

II. Pressupostos teóricos do ensino da didática, 35

1. Pressupostos teóricos da didática, 37
Carlos Alberto Gomes dos Santos

2. Pressupostos teóricos para o ensino da didática, 43
Oswaldo Alonso Rays

III. Abordagens alternativas para o ensino da didática, 53

1. Abordagens alternativas para o ensino da didática, 55
Zaia Brandão

2. Ensino por meio de solução de problemas, 66
Margot Bertolucci Ott

IV. A pesquisa em didática – Realidades e propostas, 77

1. Novos enfoques da pesquisa em didática, 79
Menga Lüdke

2. A pesquisa em didática – Realidades e propostas, 94
Newton Cesar Balzan

Documento final, 119

Apresentação

Está completando este ano 30 anos da realização do Seminário "A Didática em Questão". Quando a equipe de Didática do Departamento e Educação da PUC-Rio planejou este evento, que se desenvolveu de 16 a 19 de novembro de 1982, com o apoio do CNPq, e do qual participaram 65 professores de 17 unidades da federação, não tinha a pretensão de mobilizar um movimento, nem de que se transformasse num marco fundamental para a produção da área no país. Seu objetivo central foi promover uma revisão crítica do ensino e da pesquisa em Didática naquele momento histórico.

Vivíamos tempos de grande mobilização político-social, intelectual e educativa. Ares novos agitavam o contexto da nossa sociedade e a transição democrática ia se afirmando, entre muitas dificuldades, mas alicerçada no compromisso e determinação de um grande número de cidadãos e cidadãs. A área de educação passava por uma ampla revisão crítica. A perspectiva didática então dominante nas disciplinas integrantes dos cursos de formação de educadores, que em geral privilegiava a abordagem da tecnologia educacional, era fortemente contestada por seu caráter instrumental, baseado na neutralidade pretensamente científica, seu tecnicismo e aparente descompromisso político que terminava por reforçar a lógica autoritária vigente. Neste clima foi realizado o seminário que suscitou inúmeras questões, debates e buscas de ressignificação do ensino e da pesquisa em Didática, afirmando seu compromisso com a construção de uma escola pública de qualidade para todos e uma perspectiva crítica, multidimensional e contextualizada de sua produção, comprometida com os processos de democratização do país. Certamente o interesse despertado e a riqueza das questões debatidas foram indicadores evidentes de que a problemática abordada respondia a uma necessidade vivida, com especial intensidade, pelos profissionais da área.

Passaram-se trinta anos... Hoje é possível afirmar que o seminário "A Didática em Questão" constituiu um marco na história da reflexão da Didática no país. Alguns autores chegam a afirmar que tem um caráter fundacional. Deu origem aos hoje intitulados Encontros Nacionais de Didática e Prática de Ensino- Endipe- que congregam, a cada dois anos, aproximadamente três mil educadores em torno de questões de relevância educacional e pedagógica, tendo progressivamente se ampliado e complexificado, sendo considerados atualmente um dos principais eventos da área de educação.

Com a presente publicação, a 33ª edição dos anais deste evento, queremos novamente oferecer aos profissionais da educação ocasião para aprofundar no debate sobre a problemática que enfrentamos hoje nas nossas escolas. Nesta edição estão reproduzidos na íntegra os principais trabalhos apresentados no seminário de 1982. Acreditamos que só podemos avançar reconhecendo o caminho percorrido e, neste sentido, este documento tem sido considerado de especial relevância. O que pretendemos é colaborar para a construção de uma educação de qualidade em que todas as crianças e jovens possam aprender a conhecer, conviver e comprometer-se com a democratização da nossa sociedade em suas diferentes dimensões.

Rio de Janeiro, 6 de julho de 2012

VERA MARIA CANDAU

I

Papel da didática na formação de educadores

A didática e a formação de educadores –
Da exaltação à negação:
a busca da relevância

VERA MARIA CANDAU
PUC/RJ

Todo processo de formação de educadores – especialistas e professores – inclui necessariamente componentes curriculares orientados para o tratamento sistemático do "que fazer" educativo, da prática pedagógica. Entre estes, a didática ocupa um lugar de destaque.

No entanto, a análise do papel da didática na formação de educadores tem suscitado uma discussão intensa. Exaltada ou negada, a didática, como reflexão sistemática e busca de alternativas para os problemas da prática pedagógica, está, certamente, no momento atual, colocada em questão.

De uma posição tranquila, em que se dava por suposta a afirmação da importância da didática, seu papel passou a ser fortemente contestado. As principais acusações são de que seu conhecimento, quando não é inócuo, é prejudicial.

A acusação de inocuidade vem geralmente da parte de professores dos graus mais elevados de ensino, onde sempre vingou a suposição de que o domínio do conteúdo seria o bastante para fazer um bom professor (e talvez seja, na medida em que esses graus ainda se destinem a uma elite). A acusação de prejudicial vem de análises mais críticas das funções da educação, em que se responsabiliza a Didática pela alienação dos professores em relação ao significado de seu trabalho.

(SALGADO, 1982, p. 16).

No entanto, esta problemática só pode ser adequadamente compreendida se for historicizada. Ela se dá num contexto concreto, em que o ensino de Didática se foi configurando segundo umas características específicas que têm de ser analisadas em função do contexto educacional e político-social em que se situam.

É nesta perspectiva que tenta se colocar o presente trabalho, que pretende oferecer subsídios para o aprofundamento da compreensão da polêmica atual sobre o papel da didática na formação dos educadores e sugerir algumas pistas para a sua superação.

1. Um ponto de partida: a multidimensionalidade do processo de ensino-aprendizagem

O objeto de estudo da didática é o processo de ensino-aprendizagem. Toda proposta didática está impregnada, implícita ou explicitamente, de uma concepção do processo de ensino-aprendizagem.

Parto da afirmação da multidimensionalidade deste processo: O que pretendo dizer? Que o processo de ensino-aprendizagem, para ser adequadamente compreendido, precisa ser analisado de tal modo que articule consistentemente as dimensões humana, técnica e político-social.

Ensino-aprendizagem é um processo em que está sempre presente, de forma direta ou indireta, no relacionamento humano.

Para a abordagem humanista é a relação interpessoal o centro do processo. Esta abordagem leva a uma perspectiva eminentemente subjetiva, individualista e afetiva do processo de ensino-aprendizagem. Para esta perspectiva, mais do que um problema de técnica, a didática deve se centrar no processo de aquisição de atitudes tais como: calor, empatia, consideração positiva incondicional. A didática é então "privatizada". O crescimento pessoal, interpessoal e intragrupal é desvinculado das condições socioeconômicas e políticas em que se dá; sua dimensão estrutural é, pelo menos, colocada entre parênteses.

Se a abordagem humanista é unilateral e reducionista, fazendo da dimensão humana o único centro configurador do processo de ensino-aprendizagem, no entanto, ela explicita a importância dessa dimensão. Certamente o componente afetivo está presente no processo de ensino-aprendizagem. Ele perpassa e impregna toda sua dinâmica e não pode ser ignorado.

Quanto à dimensão técnica, ela se refere ao processo de ensino-aprendizagem como ação intencional, sistemática, que procura organizar as condições que melhor propiciem a aprendizagem. Aspectos como objetivos instrucionais, seleção do conteúdo, estratégias de ensino, avaliação etc., constituem o seu núcleo de preocupações. Trata-se do aspecto considerado objetivo e racional do processo de ensino-aprendizagem.

No entanto, quando esta dimensão é dissociada das demais, tem-se o tecnicismo. A dimensão técnica é privilegiada, analisada de forma dissociada de suas raízes político-sociais e ideológicas, e vista como algo "neutro" e meramente instrumental. A questão do "fazer" da prática pedagógica é dissociada das perguntas sobre o "por que fazer" e o "para que fazer" e analisada de forma, muitas vezes, abstrata e não contextualizada.

Se o tecnicismo parte de uma visão unilateral do processo ensino-aprendizagem, que é configurado a partir exclusivamente da dimensão técnica, no entanto esta é sem dúvida um aspecto que não pode ser ignorado ou negado para uma adequada compreensão e mobilização do processo de ensino-aprendizagem. O domínio do conteúdo e a aquisição de habilidades básicas, assim como a busca de estratégias que viabilizem esta aprendizagem em cada situação concreta de ensino, constituem problemas fundamentais para toda proposta pedagógica. No entanto, a análise desta problemática somente adquire significado pleno quando é contextualizada e as variáveis processuais tratadas em íntima interação com as variáveis contextuais.

Se todo o processo de ensino-aprendizagem é "situado", a dimensão político-social lhe é inerente. Ele acontece sempre numa cultura específica, trata com pessoas concretas que têm uma posição de classe definida na organização social em que vivem. Os condicionamentos que advêm desse fato incidem sobre o processo de ensino-aprendizagem. A dimensão político-social não é um aspecto do processo de ensino-aprendizagem. Ela impregna toda a prática pedagógica que, querendo ou não (não se trata de uma decisão voluntarista), possui em si uma dimensão político-social.

No entanto, a afirmação da dimensão política da educação em geral, e de prática pedagógica em especial, tem sido acompanhada entre nós, não somente da crítica ao reducionismo humanista ou tecnicista, frutos em última análise de uma visão liberal e modernizadora da educação, mas tem chegado mesmo à negação dessas dimensões do processo de ensino-aprendizagem.

De fato, o difícil é superar uma visão reducionista, dissociada ou justaposta da relação entre as diferentes dimensões, e partir para uma perspectiva em que a articulação entre elas é o centro configurador da concepção do processo de ensino-aprendizagem. Nesta perspectiva de uma multidimensionalidade que articula organicamente as diferentes dimensões do processo de ensino-aprendizagem é que propomos que a didática se situe.

2. Ensinando didática

Não pretendo fazer a história da didática ou do ensino de didática no Brasil. Considero que esta é uma tarefa importante e urgente. O que pretendo é partir da minha experiência pessoal como professora de Didática desde 1963, e situar esta experiência na evolução político-social e educacional do país. Procurarei realizar uma análise crítica da evolução do ensino de Didática da década de 60 até hoje.

2.1. 1º Momento: *A afirmação do técnico e o silenciar do político: o pressuposto da neutralidade*

Cursei a Licenciatura em Pedagogia na PUC/RJ de 1959 a 1962 e, no ano seguinte, comecei a lecionar Didática nesta mesma universidade. O núcleo inspirador dos meus primeiros anos de professora de Didática foi certamente minha própria experiência como aluna de Didática. Qual a temática privilegiada? Sem dúvida era a crítica à chamada didática tradicional e a afirmação da perspectiva escolanovista. Ao mesmo tempo, o Colégio de Aplicação da PUC/RJ promovia uma experiência de educação personalizada em que se enfatizava a associação entre Montessori e Lubienska e a utilização de técnicas inspiradas no Plano Dalton. Esta escola oferecia campo privilegiado de estágio para os licenciandos que observavam os princípios básicos da Escola Nova.

Nos últimos anos da década de 50 e nos primeiros da de 60, o país passa por um período de grande efervescência político-social e educacional. O debate em torno da Lei de Diretrizes e Bases mobiliza a área educacional. Se enfrentam diferentes posições, mas a matriz liberal predomina.

Neste contexto, a didática faz o discurso escolanovista. O problema está em superar a escola tradicional, em reformar internamente a escola. Afirma-se a necessidade de partir dos interesses espontâneos e naturais da criança; os princípios de atividade, de individualização, de liberdade, estão na base de toda proposta didática; parte-se da importância da psicologia evolutiva e da aprendizagem como fundamento da didática: trata-se de uma didática de base psicológica; afirma-se a necessidade de "aprender fazendo" e de "aprender a aprender"; enfatiza-se a atenção às diferenças individuais; estudam-se métodos e técnicas como: "centros de interesse", estudo dirigido, unidades didáticas, método de projetos, a técnica de fichas didáticas, o contrato de ensino etc.; promovem-se visitas às "escolas experimentais", seja no âmbito do ensino estatal ou privado.

Soares (81), referindo-se aos primeiros anos da década de 50, identifica este mesmo predomínio da perspectiva escolanovista no ensino de Didática:

> A proposta da Escola Nova – ideológica, que era, como toda
> e qualquer proposta pedagógica – apresentava-se a mim, e a
> quase todos os educadores, àquela época, como um conjunto
> lógico e coerente de ideias e valores, capaz não só de explicar a
> prática pedagógica como também, e sobretudo, de regulá-la,
> fornecendo regras e normas para que ela se desenvolvesse de

forma "científica" e "justa". De um lado, a teoria sociológica de Durkheim fundamentava a concepção de educação como socialização do indivíduo, de outro lado, a psicologia experimental conferia racionalidade e objetividade à prática pedagógica.
(p. 31-32)

O livro-texto mais amplamente adotado neste período é o *Sumário de Didática Geral* (1957) de Luiz Alves de Mattos. Este livro foi apontado em pesquisa realizada em 1978 entre os professores de Didática de Belo Horizonte, entre as 13 publicações mais representativas do conteúdo da didática (OLIVEIRA, 1980). Segundo Soares (1981), uma análise de conteúdo ideológico deste texto "desvendaria a ideologia liberal-pragmatista, os princípios da Escola Nova e o mito da neutralidade dos métodos e técnicas de ensino que informam, sem que sejam explicitados, a Didática proposta pelo autor" (p. 34).

Segundo Saviani (80) o movimento escolanovista se baseia na tendência do "humanismo moderno" e esta predominou na educação brasileira de 1945 a 1960 e o período de 1960 a 1968 se caracteriza pela crise desta tendência e pela articulação da tendência tecnicista.

Nesta etapa, o ensino da didática assume certamente uma perspectiva idealista e centrada na dimensão técnica do processo de ensino-aprendizagem. É idealista porque a análise da prática pedagógica concreta da maioria das escolas não é objeto de reflexão. Considerada "tradicional", ela é justificada pela "ignorância" dos professores que, uma vez conhecedores dos princípios e técnicas escolanovistas, a transformariam. Para reforçar esta tese, experiências pedagógicas que representam exceções dentro do sistema e que, mesmo quando realizadas no sistema oficial de ensino, se dão em circunstâncias excepcionais, são observadas e analisadas. Os condicionamentos socioeconômicos e estruturais da educação não são levadas em consideração. A prática pedagógica depende exclusivamente da "vontade" e do "conhecimento" dos professores que, uma vez dominando os métodos e técnicas desenvolvidos pelas diferentes experiências escolanovistas, poderão aplicá-los às diferentes realidades em que se encontrem. A base científica desta perspectiva se apoia fundamentalmente na psicologia.

No período de 1966 a 1969 me ausentei do país para realizar um curso de pós-graduação no exterior. Ao propor-me elaborar um trabalho sobre tema de atualidade na área da didática, o assunto escolhido não poderia ser outro: Ensino programado.

Desde o início dos anos 60 o desenvolvimento da Tecnologia Educacional e, concretamente, do Ensino Programado, vinha exercendo forte impacto na área da Didática. De uma concepção da tecnologia educacional que enfatiza os meios, conceito centrado no meio e, consequentemente, os recursos tecnológicos, se passava a uma visão da tecnologia educacional como processo. De fato esta concepção partia da conjugação da psicologia behaviorista, da teoria da comunicação e do enfoque sistêmico e se propunha desenvolver uma forma sistemática de planejar o processo de ensino-aprendizagem, baseando-se em conhecimentos científicos e visando a sua produtividade, isto é, o alcance dos objetivos propostos de forma eficiente e eficaz.

Volto ao Brasil em 1969. Instalada a revolução de 1964 e passado o período de transição pós-64, é retomada a expansão econômica e o desenvolvimento industrial. O modelo político reforça o controle, a repressão e o autoritarismo. A educação é vinculada à Segurança Nacional. Enfatiza-se seu papel de fato de desenvolvimento e são propostas medidas para adequá-la ao novo modelo econômico.

E a didática? Assim como no momento anterior as palavras-força eram: atividade, individualidade, liberdade, experimentação, agora se enfatiza a produtividade, eficiência, racionalização, operacionalização e controle. A visão "industrial" penetra o campo educacional, e a didática é concebida como estratégia para o alcance dos "produtos" previstos para o processo de ensino-aprendizagem. Agora mais do que confrontar a didática tradicional e a didática renovada, o centro nuclear do curso é o confronto entre o enfoque sistêmico e o não sistêmico da didática. Se um enfatiza objetivos gerais, formulados de forma vaga, o outro enfatiza objetivos específicos e operacionais. Se um enfatiza o processo, o outro o produto. Se um parte de um enfoque da avaliação baseada na "norma", o outro enfatiza a avaliação baseada em "critérios". Se no primeiro o tempo é fixo, o segundo tende a trabalhar a variável tempo. Se um enfatiza a utilização dos mesmos procedimentos e materiais por todos os alunos, o outro faz variar os procedimentos e materiais segundo os indivíduos. E assim por diante...

Nesta perspectiva, a formulação dos objetivos instrucionais, as diferentes taxionomias, a construção dos instrumentos de avaliação, as diferentes técnicas e recursos didáticos, constituem o conteúdo básico dos cursos de Didática. Modelos sistêmicos são estudados, habilidades de ensino são treinadas e são analisadas metodologias tais como: ensino programado, Plano Keller, aprendizagem para o domínio, módulos de ensino etc.

Entre as publicações indicadas pela pesquisa de Oliveira (80) como mais representativas do conteúdo atual da Didática segundo os professores de Didática de Belo Horizonte, o predomínio da tecnologia educacional é, sem dúvida, evidente.

Neste enfoque a acentuação da dimensão técnica do processo de ensino-aprendizagem é ainda mais enfatizada do que na abordagem escolanovista. Nesta, pelo menos em algumas de suas expressões, a dimensão humana também é salientada e a relação professor-aluno é repensada em bases igualitárias e mais próximas, do ponto de vista afetivo.

Na perspectiva da tecnologia educacional a didática se centra na organização das condições, no planejamento do ambiente, na elaboração dos materiais instrucionais. A objetividade e racionalidade do processo são enfatizadas.

Mas, se estas duas abordagens se diferenciam, elas partem de um pressuposto comum: "o salientar da dimensão política". E este silêncio se assenta na afirmação da neutralidade do técnico, isto é, na preocupação com os meios desvinculando-os dos fins a que servem, do contexto em que foram gerados. Significa ver a prática pedagógica exclusivamente em função das variáveis internas do processo de ensino-aprendizagem, sem articulação com o contexto social em que esta prática se dá. Neste sentido, a didática não tem como ponto de referência os problemas reais da prática pedagógica quotidiana, aqueles que enfrentam os professores de 1º e 2º graus, tais como: precárias condições econômicas das escolas e dos alunos, classes superlotadas, taxas significativas de evasão e repetência, conteúdos inadequados, condições de trabalho aviltantes, etc. Como a didática não fornece elementos significativos para a análise da prática pedagógica real e o que ela propõe não tem nada que ver com a experiência do professor, este tende a considerá-la um ritual vazio que, quando muito, pertence ao mundo dos "sonhos", das idealizações que não contribuem senão para reforçar uma atitude de negação da prática real que não oferece as condições que tornariam possível a perspectiva didática proposta. A desvinculação entre a teoria e a prática pedagógica reforça o formalismo didático: os planos são elaborados segundo as normas previstas pelos cânones didáticos; quando muito, o discurso dos professores é afetado, mas a prática pedagógica permanece intocada.

2.2. 2º Momento: A afirmação do político e a negação do técnico: a contestação da didática

Principalmente a partir da metade da década de 70, a crítica às perspectivas anteriormente assinaladas se acentuou. Esta crítica teve um aspecto fortemente positivo: a denúncia da falsa neutralidade do técnico e o desvelamento dos reais compromissos político-sociais das firmações aparentemente "neutras", a afirmação da impossibilidade de uma prática pedagógica que não seja social e politicamente orientada, de uma forma implícita ou explícita. Mas, junto com esta postura de denúncia e de explicitação do compromisso com o *status quo* do técnico aparentemente neutro, alguns autores chegaram à negação da própria dimensão técnica da prática docente.

> Há uma suposição firmada entre os críticos do "saber fazer" de que a dimensão de eficácia do trabalho pedagógico é, definitivamente, uma invenção do pragmatismo pedagógico. Dessa forma todas as técnicas e meios pedagógicos são produtos da burocracia e instrumentos do poder dominador exer-

cido pelo professor [...]. Há um consenso tácito de que as noções de "eficácia", racionalidade, organização, "instrumentalização", "disciplina", estão indissoluvelmente ligadas ao modelo burocrático capitalista e, onde existem, são restritoras dos processos de democratização da escola e da sociedade. [...] A critiquice antitécnica é própria do democratismo e responde em boa dose pela diminuição da competência técnica do educador escolar. A ênfase no *saber ser*, sem dúvida fundamental para se definir uma postura crítica do educador frente ao conhecimento e aos instrumentos de ação, não pode dissolver as outras duas dimensões da prática docente, o *saber* e o *saber fazer*, pois a incompetência no domínio do conteúdo e no uso de recursos de trabalho compromete a imagem do professor-educador. Tornar nossa prática ineficiente põe em risco os próprios fins políticos dessa prática.

(LIBÂNIO, 1982, p. 42-43).

Essa tendência reduz a função da didática à crítica da produção atual, geralmente inspirada nas perspectivas anteriormente mencionadas.

A afirmação da dimensão política da prática pedagógica é então acompanhada da negação da dimensão técnica. Esta é vista como necessariamente vinculada a uma perspectiva tecnicista. Mais uma vez as diferentes dimensões do processo de ensino-aprendizagem são contrapostas, a afirmação de uma levando à negação das demais. Afirmar a dimensão política e, consequentemente, estrutural da educação, supõe a negação do seu caráter pessoal. Competência técnica e política se contrapõem.

Neste momento, mais do que uma didática, o que se postula é uma antididática.

3. De uma didática instrumental a uma didática fundamental

No momento atual, segundo Salgado (1982), ao professor de Didática se apresenta duas alternativas: a receita ou a denúncia. Isto é, ou ele transmite informações técnicas desvinculadas dos seus próprios fins e do contexto concreto em que foram geradas, como um elenco de procedimentos pressupostamente neutros e universais, ou critica esta perspectiva, denuncia seu compromisso ideológico e nega a Didática como necessariamente vinculada a uma visão tecnicista da educação.

Certamente, na maior parte das vezes, o ensino de Didática está informado por uma perspectiva meramente instrumental.

> Este enfoque limitado reflete-se nos livros sobre o assunto que são, em geral, pobres, restringindo-se ao enunciado de "receitas", com uma fundamentação teórica insuficiente e inconsciente.
>
> (ALVITRE, 1981, p. 52)

Mas a crítica à visão exclusivamente instrumental da didática não pode se reduzir à sua negação. Competência técnica e competência política não são aspectos contrapostos. A prática pedagógica, exatamente por ser política, exige a competência técnica. As dimensões política, técnica e humana da prática pedagógica se exigem reciprocamente. Mas esta mútua implicação não se dá automática e espontaneamente. É necessário que seja conscientemente trabalhada. Daí a necessidade de uma *didática fundamental*.

A perspectiva fundamental da Didática assume a multidimensionalidade do processo de ensino-aprendizagem e coloca a articulação das três dimensões, técnica, humana e política, no centro configurador de sua temática.

Procura partir da análise da prática pedagógica concreta e de seus determinantes.

Contextualiza a prática pedagógica e procura repensar as dimensões técnica e humana, sempre "situando-as".

Analisa as diferentes metodologias explicitando seus pressupostos, o contexto em que foram geradas, a visão de homem, de sociedade, de conhecimento e de educação que veiculam.

Elabora a reflexão didática a partir da análise e reflexão sobre experiências concretas, procurando trabalhar continuamente a relação teoria-prática.

Nesta perspectiva, a reflexão didática parte do compromisso com a transformação social, com a busca de práticas pedagógicas que tornem o ensino de fato eficiente (não e deve ter medo da palavra) para a maioria da população. Ensaia. Analisa. Experimenta. Rompe com uma prática profissional individualista. Promove o trabalho em comum de professores e especialistas. Busca as formas de aumentar a permanência das crianças na escola. Discute a questão do currículo em sua interação com uma população concreta e suas exigências, etc.

Este é, a meu ver, o desafio do momento: a superação de uma didática exclusivamente instrumental e a construção de uma didática fundamental.

Referências bibliográficas

ALVITE, M.M.C. Didática e psicologia: crítica do psicologismo na educação. São Paulo: Loyola, 1981.

LIBÂNIO, J.C. Saber, saber ser, saber fazer, o conteúdo do fazer pedagógico. Revista da Ande. Ano 1, n. 4, 1982.

MATTOS, L.A. de. Sumário de Didática Geral. Rio de Janeiro: Aurora, 1957.

OLIVEIRA, M.R.N.S. O conteúdo atual da didática: um discurso da neutralidade. UFMG, 1980 [Tese de Mestrado em Educação].

SALGADO, M.U.C. O papel da didática na formação do professor. Revista da Ande. Ano 1, n. 4, 1982.

SAVIANI, D. Correntes e tendências da educação brasileira. In: TRIGUEIRO, D. Filosofia da Educação Brasileira, Inep, 1980.

SOARES, M. Travessia. Belo Horizonte, 1981. [Memorial apresentado à Faculdade de Educação da UFMG como parte dos requisitos para a inscrição e concurso de professor titular]

O papel da didática na formação do educador

CIPRIANO CARLOS LUCKESI
UFBa

De certa forma, sinto-me um pouco intruso ao assumir o papel de provocador de um debate sobre o tema: "O papel da didática na formação do educador". Não sou professor de Didática nem milito propriamente no campo da metodologia do ensino. Faço, sim, um esforço constante de refletir, revivendo minha prática educacional, especialmente a que exercito no magistério universitário, e de analisar a prática educacional que ocorre em minha circunstância geográfica e histórica. Aliás, nossa circunstância histórica. As questões do processo educacional, nos níveis macro e micro, e temas paralelos têm servido de tópicos para minha efetiva meditação ao longo dos anos de exercício de magistério superior e atividades afins. Venho, pois, para este seminário de especialistas em educação, melhor dizendo, especialistas em didática, como um amante da reflexão sobre a prática educacional. Mais que isso, venho como um apaixonado pela minha prática educacional e, quiçá, possa trazer aos presentes alguns elementos que sirvam de ponto de partida para um aprofundamento da meditação sobre o papel da didática na formação dos educadores, que, afinal, é a preocupação de todos nós comprometidos com este setor de atividades.

Tomando, curiosamente, o tema que me foi proposto para discutir, pensei, de início, que valeria a pena parti-lo em subtemas. Assim sendo, começarei pelo aspecto que considero o mais abrangente, deixando para posterior análise os mais restritos. Observando o proposto, identifico que sua parte central – "o papel da didática" – destina-se a atingir um fim – "a formação do educador". A primeira parte do tema restringe-se pela segunda e, na segunda, a expressão "formação" restringe-se à extensão "do educador". Então, entendo eu que o que, de imediato, nos interessa, a mim e aos presentes, é o educador, na formação do qual a didática pretende ter um papel, e a seguir as outras partes do tema. Este será o nosso proceder metodológico, no que se segue.

Tentar definir o educador será contextualizá-lo na sua prática; evidentemente, em sua prática desejável, pois que existe uma prática que se exercita e que, certamente, não é desejável.

Primeiramente e de um modo genérico, diria que o educador é todo ser humano envolvido em sua prática histórica transformadora. Em nossas múltiplas relações, estamos dialeticamente situados num contexto educacional. Todos somos educadores e educandos, ao mesmo tempo. Ensinamos e somos ensinados, numa interação contínua, em todos os instantes de nossas vidas. Aqui não é necessária nenhuma preparação, nenhuma aprendizagem específica para ser educador. Espontaneamente, aprendemos no nosso meio, com os outros, com nossas próprias experiências, com nossas meditações pessoais. Adquirimos, no nosso processo dialético transformador, um cabedal de conhecimentos e sabedoria que pode, deve ser e é intercambiado em nossas relações sociais. É a educação que se faz!

Em segundo lugar, e aqui está o núcleo de interesse para o momento, educador é o profissional que e dedica à atividade de, intencionalmente, criar condições de desenvolvimento de condutas desejáveis, seja do ponto de vista do indivíduo, seja do ponto de vista do grupamento humano. Somos nós, quando passamos por um processo formal de aquisição de conhecimentos e habilidades, garantidos por uma "facultas" oficial para o magistério e outros exercícios afins. Para tanto, realizamos um processo de aprendizagens estruturadas. Vencemos, no decorrer de alguns anos, currículos e programas, tendo em vista a nossa habilitação com profissionais a serem aceitos para o exercício de atividades sociais estabelecidas.

Em ambos os casos, vejo o educador, antes de mais nada, como um ser humano e, como tal, podendo ser sujeito ou objeto da história. Como objeto, sofre a ação do tempo e dos movimentos sociais, sem assumir a consciência e o papel de interferidor nesse processo. Não toma, para si, em sua prática, a forma de ser autor o ator da história. Aqui, certamente, não desempenha o papel de educador, na sua autenticidade, como a entendo.

Como sujeito da história, compreendo o educador, o autêntico educador, como ser humano que constrói, pedra sobre pedra, o projeto histórico de desenvolvimento do povo. Um ser, junto com outros, conscientemente engajado no "fazer" a história. Não vou, aqui, quixotescamente, colocar o educador como o "Hércules", herói, construtor de todo um projeto histórico. Estou consciente, como todos nós aqui presentes estamos, de que não é a educação, por si, que cria um modelo social, mas que ela atua dentro de um modelo social existente ou por existir. Todavia, creio que, na intimidade do sistema social, o educador, ao mesmo tempo humilde e grandioso, tem papel fundamental no desenvolvimento e execução de um projeto histórico que esteja voltado para o homem. Assim sendo, não será ele o executor de diretrizes decididas e emanadas de centros de poder (mesmo educacionais!), mas será o forjador, juntamente com outros, e, enquanto autor e ator, de um projeto histórico de desenvolvimento do povo, do qual faz integralmente. O educador, como outros profissionais contextualizados, é um construtor da história, na medida em que, para isso, aja conscientemente.

Esse projeto histórico, forjado no dia a dia, se traduz, para o educador, num projeto pedagógico, em um plano de ação, racional e consciente, que, no seu espaço geográfico e temporal, manifesta as aspirações e o processo de crescimento e desenvolvimento do povo.

Se verdadeiras estas reflexões, compreendo o educador como um sujeito, que, conjuntamente com outros sujeitos, constrói, em seu agir, um projeto histórico de desenvolvimento do povo, que se traduz e se executa em um projeto pedagógico.

Esta compreensão do educador conduz a algumas consequências que me permito explicitar, ainda que sucintamente.

Em primeiro lugar, a ação pedagógica não poderá ser, em hipótese alguma, entendida e praticada como se fosse uma ação neutra. Ela é uma atividade que se faz ideologizada; está marcada, em sua própria raiz, pela "coloração" do projeto histórico que se delineia no decorrer da própria ação. A ação do educador não poderá ser, então, um "quefazer neutral", mas um "quefazer" ideologicamente definido.

A segunda consequência, imediatamente decorrente desta primeira ou simplesmente a sua explicitação, é que o educador não poderá exercer as suas atividades isento de explícitas opções teóricas: uma opção filosófico-política pela opressão ou pela libertação; uma opção por uma teoria do conhecimento norteadora da prática educacional, pela repetição ou pela criação de modos de compreender o mundo; uma opção, coerente com as anteriores, pelos fundamentos específicos de sua prática; e, finalmente, uma opção explícita na escolha dos meios de processar a práxis educativa, que não poderá estar em desacordo com as opções anteriores. Tendo efetivado uma opção explícita do ponto de vista filosófico, as outras opções decorrem dela lógica e obrigatoriamente.

A terceira consequência é de que prática educacional não poderá ser, de forma alguma, uma prática burocrática (ou profissional-burocrata). Ela tem que ser uma ação comprometida ideológica e efetivamente. Não se pode fazer educação sem "paixão". Agir, em educação, como um burocrata é fazer o jogo de decisões alheias; muitas vezes, decisões que nem mesmo o agente aceitaria se delas estivesse consciente. Neste caso, estar-se-ia trabalhando por um projeto exterior, que não fora forjado na prática dialética do dia a dia.

Agora pergunto – que seria *formar o educador*, conforme a compreensão anteriormente estabelecida? Formar o educador, a meu ver, seria criar condições para que o sujeito se prepare filosófica, científica, técnica e afetivamente para o tipo de ação que vai exercer. Para tanto, serão necessárias não só aprendizagens cognitivas sobre os diversos campos de conhecimento que o auxiliem no desempenho do seu papel, mas – especialmente – o desenvolvimento de uma atitude, dialeticamente crítica, sobre o mundo e sua prática educacional. O educador nunca estará definitivamente "pronto", formado, pois que a sua preparação, a sua maturação se faz no dia a dia, na meditação teórica sobre a sua prática. A sua constante atualização se fará pela reflexão diuturna sobre os dados de sua prática. Os âmbitos de conhecimento que lhe servem de base não deverão ser facetas estanques e isoladas de tratamento do seu objeto de ação: a educação. Mas serão, sim, formas de ver e compreender, globalmente, na totalidade, o seu objeto de ação.

O termo formar é extremamente autoritário e propiciador de uma "educação bancária", conforme caracterização de Paulo Freire. Não vou, aqui, deter-me nesta discussão, porém vale um lembrete de que, de fato, quando existe alguém que é formado e alguém que é o formador, processa-se uma relação autoritária do segundo sobre o primeiro desses elementos. O ideal seria que educador e educando, conjuntamente, conseguissem, atuando praticamente *no* e *com* o mundo e meditando sobre essa prática, desenvolver tanto conhecimentos sobre a realidade como atitudes críticas frente a mesma. De fato, aprendemos bem, com mestria, aquilo que praticamos e teorizamos.

Formar o educador, em síntese, e, a meu ver, não deverá ser uma imposição autoritária e sim um modo de auxiliar o sujeito a adquirir uma atitude crítica frente ao mundo de tal forma que o habilite a agir junto a outros seres humanos num processo efetivamente educativo.

A última parte do tema proposto, conforme divisão que fiz, é: qual *o papel que a didática exerce* na formação do educador? Aqui, a didática é colocada como um mecanismo de preparação do educador. E a pergunta permanece: será que a didática, conforme vem sendo ensinada e executada, auxilia o educando a se habilitar para as atividades que deverá desenvolver como profissional (educador)?

Em primeiro lugar, cabe destacar que didática, desde os tempos imemoriais dos gregos, significa um modo de facilitar o ensino e a aprendizagem de modos de conduta desejáveis. Lá, entre os nossos ancestrais históricos, a didática foi utilizada, especialmente, na transmissão de conteúdos morais desejáveis; aqui, entre nós, utilizamos a didática para a transmissão de conteúdos tanto morais como cognitivos, com um aparente acentuamento hipertrofiado para este último. A educação institucionalizada que compõe a nossa circunstância histórica está, aparentemente, destinada à transmissão, quase que exclusiva, de conteúdos dos diversos âmbitos do conhecimento científico. Todavia, sabemos, todos nós, que, nas atividades do magistério e outras afins, existe uma carga imensa de conteúdos moralizantes, ou, ao menos, subjacentemente ideologizantes. Comprovando isso, estão aí os livros didáticos que, sob uma capa de "objetividade" científica, transmitem a pura ideologia dominante.

O educador, segundo a atual concepção, deve saber tratar tecnicamente os mecanismos pelos quais um indivíduo (educando, no caso) possa adquirir determinados tipos de conduta com maior facilidade. E, então, o ensino da didática passou a ser um ensino voltado para a aprendizagem dos modos de conseguir, do ponto de vista do "saber fazer", que alguma coisa seja ensinada de tal maneira que o educando aprenda com maior facilidade, por isso, mais rapidamente. A didática passou a ser uma hipertrofia dos modos de fazer, da discussão do "como" se chega a um determinado fim.

Nos últimos tempos, no Brasil, especialmente após a Lei 5.692/71 e a chegada em nosso país dos modismos da tecnologia educacional, a metodologização da educação assumiu a liderança dos tratamentos, em detrimento de outros elementos fundamentais como são os aspectos filosóficos, políticos e epistemológicos da educação. A expectativa de obtenção de resultados imediatos e precisos trouxe a famigerada questão da redação de objetivos comportamentais, conduzindo a um posicionamento mágico de que quem soubesse redigir bem um objetivo saberia processar bem a educação. O planejamento pelo planejamento, com as tais identificações de "estratégias" (termo da balística militar) passou a fazer parte de uma habilitação de iniciados. O domínio das técnicas de planificação, especialmente do ensino, passou a constituir o pano de fundo da prática educacional. Esse fato, de certa forma, emergiu como um modo de obscurecimento daquilo que é essencial, das questões de mérito. Não quero, com isso, rechaçar o planejamento desde que é um modo de agir profundamente necessário, porém não como se ele fosse o todo. É preciso, sim, que ele ocupe os limites que merece. Com certeza, o planejamento é um elemento básico, mas como um dos elementos do todo em função de opções filosófico-políticas, forjadas na prática histórica.

Além disso, esta forma de apresentar e assumir a didática traz como consequência um esfacelamento da relação teoria/prática. Ela é ensinada, dentro dos currículos, separadamente das disciplinas profissionalizantes, quer seja nas licenciaturas em geral, quer seja nos cursos de Pedagogia. Na prática do planejamento, execução e avaliação do ensino, superior ou médio, ela é apresentada como se fosse um conjunto de mecanismos assépticos e isolados de "como fazer" alguma coisa. Como se as técnicas fizessem sentido sem um suporte ideológico e de conteúdo científico. Mesmo existindo nos currículos disciplinas que discutam os fundamentos da prática educacional, na maior parte das vezes, para não dizer sempre, ficam situadas como conteúdos a serem aprendidos isoladamente e não como posicionamentos a serem levados em consideração na prática diuturna do educador. Neste contexto, a fundamentação teórica permanece como uma abstração estanque diante de possíveis técnicas de execução.

Vale ainda ressaltar que, na maioria das vezes, nós todos podemos ver e observar discussões das práticas didáticas sendo fundadas em proposições da psicologia, como se fosse a rainha das ciências e da sabedoria. Certamente que a psicologia pode e deve trazer auxílios fundamentais para as tentativas de facilitação da aprendizagem, desde que ela, por sua especificidade, deveria estudar os modos do ser humano atuar naquilo que se refere ao seu *background* psíquico. Todavia nós – eu e os aqui presentes – sabemos que a teoria psicológica da aprendizagem é muito pouco para fundamentar uma prática educacional adequada. É um reducionismo que deve ser evitado.

Essa didática – hipertrofia de técnicas, esfacelamento da relação teoria/prática, redução dos fundamentos da prática educacional –, a meu ver, tem papel muito pequeno na formação de um educador comprometido com um projeto pedagógico, tradutor e executor de um projeto histórico de desenvolvimento do povo. Penso mesmo que o seu papel, neste estado de coisas, é acentuar um desvio ideológico que vem subjacentemente minando uma autêntica prática pedagógica.

A didática, como ela vem sendo ministrada e praticada, creio eu, acentua o "senso comum ideológico dominante" que perpassa a nossa prática educacional diária, seja por um descuido de uma compreensão filosófica do mundo e do educando, seja pela não compreensão de uma teoria do conhecimento norteadora da prática educativa, seja pelo mal entendimento do papel de um material didático, que, de subsidiário do ensino e da aprendizagem, passa a ocupar um papel central de transmissor de conteúdos e, implicitamente, de ideologias oficiais.

A discussão de "como" fazer alguma coisa (no caso, a educação), desligada do "o que" fazer, conduz a um equívoco teórico/prático muito grande. Aprende-se o caminho que conduz a algum lugar, sem saber para onde ir. É a velha questão de soluções adequadas para problemas inadequados, quando o correto seriam soluções adequadas para problemas adequados.

Essa separação entre teoria e prática, entre o "que fazer" e o "como fazer", conduz a distorções, creio eu, mais complexas na prática educacional, quando caminhamos para as especializações do setor educacional, onde estão presentes profissionais que planejam e, contudo, não executam nem avaliam; profissionais que executam, sem ter planejado e que não vão avaliar; profissionais que vão avaliar, sem ter planejado ou executado. Processam-se, aí, conjuntos estanques de atividades didático-pedagógicas como se eles não compusessem um todo orgânico e definido. Ação e reflexão compõem um todo inseparável, a menos que seja para uma compreensão lógica e didática do processo. Este esfacelamento entre teoria e prática é interessante aos detentores do poder, pois que sempre poderão tomar as decisões fundamentais deixando aos executores tão somente as decisões de "como fazer", sem nunca lhes permitir interferência no "o que fazer". Ainda que essas especializações possam facilitar a tramitação administrativa das atividades e do mercado de trabalho, dificultam o "que fazer" educacional na sua autenticidade, como um todo, e facilitam a manipulação dos poderes hegemônicos.

Penso que quem consegue descobrir o "o que fazer", que consegue definir um projeto histórico a ser desenvolvido, saberá encontrar os meios e os caminhos para atingi-lo. Não será, assim, tão necessário que trabalhemos *tão somente* os meios seccionados dos fins. Com imaginação e comprometimento afetivo-ideológico e uma constante meditação sobre a sua prática, o educador conseguirá encontrar os meios para atingir os fins. Contudo, o contrário não é verdadeiro da mesma forma, ou seja, que se poderá chegar a algum lugar conhecendo tão somente os meios. Daí a ansiedade, hoje existente nos meios educacionais, por receitas e mais receitas de "como fazer" a educação, na expectativa de sabendo-se como fazer se chegará a algum resultado. Evidentemente que se pode trabalhar com meios efetivos para fins que não se decidiu por eles. Muitas vezes, o educador aplica técnicas para o atendimento de fins que não decidiu. Inconscientemente pratica um serviço para outros donos do poder.

Penso que a didática, para assumir um papel significativo na formação do educador, deverá mudar os seus rumos. Não poderá reduzir-se e dedicar-se tão somente ao ensino de meios e mecanismos pelos quais se possa desenvolver um processo ensino-aprendizagem, mas deverá ser um elo fundamental entre as opções filosófico-políticas da educação, os conteúdos profissionalizantes e o exercício diuturno da educação. Não poderá continuar sendo um apêndice de orientações mecânicas e tecnológicas. Deverá ser, sim, um modo crítico de desenvolver uma prática educativa, forjadora de um projeto histórico, que não se fará tão somente pelo educador, conjuntamente, com o educando e outros membros dos diversos setores da sociedade.

A didática só entrará "no mérito da questão" se servir como mecanismo de tradução prática, no exercício educacional, de decisões filosófico-políticas e epistemológica de um projeto histórico de desenvolvimento do povo. A didática, ao exercer o seu papel específico, deverá apresentar-se como elo tradutor de posicionamentos teóricos em práticas educacionais.

Este é o meu modo de ver o âmbito de exercício profissional dos senhores e das senhoras aqui presentes.

II

Pressupostos teóricos do ensino da didática

Pressupostos teóricos da didática

CARLOS ALBERTO GOMES DOS SANTOS
PUC/RJ

Toda prática humana tem seus pressupostos teóricos, e é somente através da explicitação e de análise destes pressupostos que ela se torna inteligível e nos permite tomar consciência daquilo que fazemos.

Com a intenção de estimular o debate sobre os pressupostos teóricos presentes nas práticas educacionais e, de modo especial, na didática, não tenho a menor pretensão de fundamentar uma Teoria da Educação, mas simplesmente de levantar algumas questões que me parecem pertinentes e que espero o sejam também para todos os que participam deste seminário.

Não existe, pois, em minhas colocações nada de conclusivo, mas apenas questões inteiramente abertas ao debate.

Considero de grande importância desenvolver algumas reflexões sobre um projeto relativamente recente de constituição das Ciências da Educação que dariam um tratamento diferente às questões pedagógicas.

A substituição do termo Pedagogia pelo de Ciência da Educação vem tomando corpo na literatura contemporânea, não por uma questão meramente formal, mas porque anuncia, de maneira mais explícita, as modificações estruturais e conceituais relativas ao estatuto epistemológico das Teorias da Educação.

O termo Pedagogia, segundo alguns, pelo fato de estar indissoluvelmente ligado ao caráter prescritivo da atividade educacional, não faz nenhum apelo às dimensões descritivas e explicativas, essenciais a toda Teoria da Educação que pretenda dar conta da prática educativa.

Com a construção de um modelo de investigação científica que possibilitaria a constituição das Ciências da Educação nos seria permitido não apenas descrever e explicar os problemas educativos, mas e sobretudo desenvolver, em consequência, uma tecnologia educacional capaz de otimizar os condicionamentos, os processos e efeitos das ações formativas.

Ao tratarmos cientificamente os problemas da Educação conferiríamos às suas proposições teóricas um caráter de objetividade e consequentemente de neutralidade, uma vez que tais proposições deveriam se submeter ao controle experimental cujo suporte empírico seriam as observações das próprias práticas educacionais. Através deste controle experimental as Ciências da Educação assumiriam o caráter de positividade que a liberaria de sua abordagem tradicional eminentemente especulativa.

Nestas condições haveria a possibilidade de construir um corpus teórico constituído de hipóteses, de leis, de conceitos e de metodologia própria às investigações pedagógicas, tornando-as assim imunes ao domínio das ideologias.

Com efeito, na medida em que não existam as Ciências da Educação que apresentem um corpo orgânico de leis que expliquem, descrevam a possibilitem a predição e aplicação técnica, o estudo dos problemas que lhe são próprios passam a ser tratados em nível de opinião e facilmente manipulados pela ideologia dominante.

Concluindo: com a constituição das Ciências da Educação teríamos uma Pedagogia, enquanto teoria e instrumentalização técnica cientificamente fundamentada e justificada.

Tal projeto, a meu ver, é equivocado e suscita uma série de indagações de caráter epistemológico:

Faz realmente sentido falar em Ciências da Educação?

Que aspectos da prática pedagógica escapam do domínio das demais ciências, como a Psicologia, a Sociologia, a Biologia etc.?

Numa palavra, em que consiste a especificidade deste objeto ou objetos que exigem ser tratados através de metodologia própria?

E se tal fosse o caso, que modelo de cientificidade tais ciências seguiriam?

Alguns chamam a atenção para a necessidade de que os problemas educativos recebam um enfoque interdisciplinar por meio de uma conexão íntima entre as Ciências da Educação e as disciplinas que lhes são afins.

Mas o que entendemos quando falamos de interdisciplinaridade? A interdisciplinaridade pode ser compreendida do ponto de vista de uma simples comunicação de conhecimento feita de forma organizada e sistemática até o ponto de vista da interação de conceitos, princípios epistemológicos, métodos e terminologia.

Na primeira concepção, as Ciências da Educação se apresentariam apenas com a função de sistematizar as formulações teóricas e as derivações práticas resultantes das pesquisas que as ciências básicas fornecessem para a compreensão de seu objeto. Por que então, neste caso, caracterizá-las como ciências, uma vez que não contribuem com método próprio para esta mesma compreensão?

Na segunda perspectiva de interdisciplinaridade, uma vez que a integração, embora se constitua numa das suas características fundamentais, não significa a redução de objetos e métodos, pois cada ciência continua salvaguardando sua especificidade, a questão inicial sobre o que é próprio das Ciências da Educação permanece inalterável.

Se ao invés de falar em Ciências da Educação aventarmos, como alguns o fazem, para a possibilidade de se constituir uma Ciência da Educação que não surgiria de uma aplicação da psicologia, da sociologia aos problemas educacionais, mas que se situaria no cume de uma crítica psicossociológica das condições reais, socioculturais e socioeconômicas da ação educativa, do sistema escolar e do estudo psicossociológico dos processos educativos, não resolveríamos também a questão da identidade desta ciência, pois se tal fosse o seu estatuto não vejo como não identificar este projeto de análise essencialmente crítico como o de uma Filosofia da Educação e de modo mais particular com o projeto da epistemologia.

Partindo dessas considerações prefiro pensar as questões da Educação como questões de um procedimento prático que se modifica e se altera com a modificação e alteração, quer do contexto no qual se realiza, quer dos pressupostos que lhe dão sentido, de um procedimento enfim que requer de seus agentes humanos, através dos quais se efetiva, uma intervenção consciente na realidade orientada à consecução de objetivos e finalidades específicas.

A consciência deste processo não se pode reduzir apenas ao reconhecimento das teorias científicas das quais decorrem a tecnologia educacional. Isto porque em primeiro lugar é imprescindível compreender também, através da crítica epistemológica, o alcance e o limite dessas mesmas teorias científicas e, em segundo lugar, porque tal redução da análise dos procedimentos pedagógicos deixaria sem qualquer justificativa criteriosa as implicações de caráter valorativo e teleológico inevitavelmente presentes a todos os modelos e teorias educacionais.

A crítica epistemológica, por seu lado, somente será significativa desde que não se limite à análise da ciência sob o ponto de vista de sua estrutura interna, atenta apenas às questões da coerência do rigor lógico de suas proposições e do seu método de verificação, mas se estenda à análise do contexto da produção das teorias através do estudo dos aspectos históricos, psicológicos, sociológicos e filosóficos que a condicionam.

A análise epistemológica, assim entendida, rejeita o pressuposto positivista que, sob as diversas formas de realismo e de empirismo, aponta para a possibilidade da constituição de uma ciência inteiramente objetiva, totalmente neutra, que se constrói isenta de pressupostos extracientíficos, acima das representações puramente ideológicas das experiências vividas.

Esta análise mostra por exemplo que o aperfeiçoamento dos instrumentos de observação e de medida se deu em decorrência da concepção prévia da ciência como conhecimento exato e rigoroso. Concepção também que provocou a matematização da natureza. Através do pressuposto de que só é científico o que é preciso e de que só é preciso o que é matematizável chega-se à conclusão de que só é científico o que é matematizável. E, ainda, se só o observável e quantificável se situa no domínio da ciência, chegamos à redução epistemológica do científico ao observável que pode se submeter a um tratamento matemático. Escapa assim da esfera da ciência, e, portanto, da ordem da objetividade, toda a consideração sobre as qualidades, a ordem dos valores, do sentido e dos fins. Este enfoque da epistemologia pode nos levar também à compreensão de que a mudança da perspectiva contemplativa do conhecimento por uma perspectiva ativa provocou o surgimento de uma concepção pragmática e instrumentalista da ciência, cujos conceitos passaram a ser avaliados pelos critérios de utilidade e de eficiência prática. A ideia de que pelo conhecimento nos tornamos senhores e possuidores da natureza não deixou de alterar profundamente a relação do sujeito conhecedor com o objeto conhecido. Por detrás desta concepção de ciência está presente uma racionalidade tecnológica que leva a encarar a natureza como objeto de dominação, como matéria manipulável e aos conceitos que a exprimem como conceitos meramente operacionais.

Contra este reducionismo metodológico se tenta buscar alternativas para as ciências sociais e humanas que não se adequam a estes pressupostos metodológicos, procurando conferir a elas um estatuto epistemológico diferente. Entre estas alternativas, a que mais se distancia do reducionismo cientificista se situa a que atribui às ciências humanas e sociais a função de busca de compreensão e de interpretação do sentido e da realidade humana e que define o interesse prático do conhecimento das ciências humanas não como técnico manipulador e sim emancipador, não como um interesse meramente pragmático senão ético e político.

A partir destas considerações podemos levantar algumas observações específicas sobre a didática:

A Didática é uma tecnologia aplicada que se constitui e que se desenvolve em decorrência dos estudos que ciências, como Psicologia, Biologia e Sociologia entre outras, lhe apresentam sobre os problemas de ensino e aprendizagem.

Os problemas sobre a transmissão do conhecimento não se tornam inteligíveis apenas com a colaboração destas ciências, mas com a explicitação dos pressupostos filosóficos que estão sempre implícitos nos modelos de educação, e de modo muito especial na Teoria do Conhecimento.

Enquanto instrumentalização técnica, a didática não pode, por conseguinte, ser tratada como um componente isolado, como algo em si mesmo, sem levar em conta considerações da ordem dos valores e dos fins, pois ela não se justifica a si mesma, apesar da pretensão da neutralidade que toda técnica advoga para si enquanto decorrente de teorias científicas às quais serve inclusive de critério de validação pela verificação e sua eficácia constatada nas observações dos resultados obtidos.

O êxito dos procedimentos didáticos não lhe confere um valor absoluto a não ser que nos deixemos levar por uma concepção instrumentalista e pragmática de educação.

O pragmatismo e o utilitarismo são responsáveis por uma concepção ingênua das técnicas pedagógicas ao pensar que ao levar o aluno ao aprendizado eficiente dos conhecimentos já formulados não se transmite também uma determinada concepção de ciência.

Quer seja considerado como científico, quer como técnico, o procedimento didático enquanto a ação intervém na realidade e dela recebe influências não perde nunca sua dimensão política.

Os procedimentos didáticos através dos quais a ciência é ensinada transmitem também aos alunos uma determinada concepção epistemológica que os leva a compreender a produção científica como atividade neutra, isenta de pressupostos e descompromissada por conseguinte da ordem ética e valorativa.

Parece-me por fim que a questão fundamental não é se compreendemos a didática como ciência ou como técnica, mas sim como nós a vemos quer enquanto ciência, quer enquanto técnica.

2

Pressupostos teóricos para o ensino da didática

OSWALDO ALONSO RAYS
Centro de Educação – UFSM

I

Atualmente parece existir certo consenso a respeito de que a prática educativa não se limita à transmissão e à apreensão de conhecimentos.

Em outras palavras, a prática educativa se processa em suas relações com a sociedade mais geral. Nesse contexto, emerge a consciência da não neutralidade da educação frente à realidade social, econômica, política e cultural.

A literatura educacional mais recente tem retomado a concepção de educação que ultrapassa o entendimento desta como fato que ocorre exclusivamente dentro da microestrutura educacional.

Outra concepção que vem sendo ratificada é a de que o microssistema escolar não pode se perder nos seus problemas como estes fossem coisas isoladas e esgotassem em si as possibilidades de explicação e solução.

Cabe, então, aos educadores refletirem sobre a ligação entre a concepção corrente de uma educação comprometida com os destinos da prática educativa e da sociedade brasileira.

Falar atualmente dos problemas da didática é falar ao mesmo tempo dos problemas da realidade educacional e da realidade social.

Com isso quero insistir que existe uma relação horizontal entre a realidade concreta do ensino da didática com as realidades educacional e social.

As concepções acima são no entanto complexas e constituem-se em preocupações para todos os que sobre elas têm se debruçado.

No entanto, essas concepções impõem a aceleração da passagem entre o discurso e a prática educativa, cujo núcleo gerador e integrador será sempre a realidade concreta.

Esse desafio aí implícito não reside apenas no aparecimento de "novos procedimentos de ensino" como mais um meio para facilitar o trabalho do educador e a aprendizagem do educando. É preciso ir além da redefinição da didática como simples renovação pedagógica de novas formas de ensinar e aprender. Somente assim estaremos superando tudo aquilo que existe de abstrato na prática do trabalho escolar e nos aproximando cada vez mais da superação da atitude contemplativa frente ao momento histórico.

Por essas razões a explicitação de pressupostos teóricos para o ensino de didática somente se tornará possível se se tomar como pano de fundo a realidade educacional brasileira que nada mais é do que o reflexo da realidade social imediata, onde suas contradições são cada vez mais complexas.

Assim, esta comunicação será demasiadamente genérica e embrionária, constituindo-se em simples notas críticas – mais para buscar do que para definir – os pressupostos teóricos para o ensino de didática que mais se comprometam com a realidade escolar brasileira.

II

A disciplina didática desenvolvida atualmente nos cursos de formação de educadores apresenta uma característica marcante por seu conteúdo enfatizar uma preocupação de caráter estritamente prático. Sua abordagem atual raramente ultrapassa a dimensão técnica do ensino.

Frequentemente esse conteúdo gira em torno de uma temática central que pode ser resumida no planejamento, na execução e avaliação do ensino.

Por tudo isso, vamos encontrar na maioria dos programas dessa disciplina conteúdos que refletem uma preocupação puramente psicopedagógica, vindo a resultar num estudo isolado, para não dizer neutro, do ensino da didática.

A grosso modo, a base teórica dessa disciplina é proveniente do campo da psicologia e de suas ramificações.

Em decorrência a essas preocupações com o psicopedagógico e com as dimensões técnicas, vamos constatar na estruturação de suas unidades de ensino a reificação, entre outros, dos seguintes temas:

• As principais teorias instrucionais;
• A aprendizagem na didática tradicional e na didática renovada;
• Os fundamentos dos métodos e das técnicas de ensino;
• Os fundamentos psicopedagógicos da nova tecnologia educacional;
• Os principais modelos teóricos para a operacionalização de objetivos de ensino;
• Princípios e normas para a seleção e organização de conteúdos de ensino;
• Funções, modalidades e instrumentos de avaliação do rendimento escolar.

Esses conteúdos encontram geralmente sua "consagração" no estágio supervisionado de prática de ensino que em muitas de nossas instituições educacionais é o coroamento de todo um curso de formação de educadores.

Por outro lado, esse conteúdo programático é geralmente selecionado e organizado a partir da vasta literatura didática, existente no mercado livreiro atual, que vem valorizando sobremaneira a operacionalização de princípios específicos para a instrumentalização da prática educativa.

Embora se tenha dito com frequência nos meios educacionais que o ato educativo não é neutro, o referencial teórico difundido nessa literatura o deixa em plano inferior, quando não o exclui, enfoque importante da ação didática que deverá preceder a fase de sua operacionalização. Este enfoque está representado, a meu ver, no exame da natureza do homem, da sociedade e da educação, onde estamos atuando e vivendo como educadores.

O conteúdo do ensino de didática assume, assim, as características de um saber-fazer atomizado, que, em nome de uma metodologia eficiente e eficaz, dilui a definição dos valores, propósitos e razões de projeto educativo mais substancial.

A adoção pura e simples dessa literatura que trata especificamente da aplicação de uma sequência de métodos e técnicas de ensino traz sempre em seu bojo um elenco de regras didáticas que prometem quase sempre uma aproximação à "performance" do docente ideal. Na prática, porém, ela tem nos mostrado, frequentemente, resultados desoladores e precários, quando não, ilusórios.

Raras são as vezes em que encontramos nessa literatura, e consequentemente nos conteúdos programáticos do ensino de didática, um espaço reservado para a análise crítica do ato de educar e de seus princípios teóricos.

A ausência, tanto nos livros como no ensino de didática desse espaço destinado à reflexão crítica sobre a função da ação docente desenvolvida em nossas escolas, tem levado os cursos de formação de educadores a adotarem técnicas e recursos instrucionais provindos, na sua maioria, de países mais desenvolvidos do que o nosso.

As técnicas instrucionais daí decorrentes são assimiladas sem a necessária compreensão prévia da ação didática dentro do contexto relacional sala de aula-sociedade.

Ao lado desses problemas tornou-se frequente, no ensino de didática, o estudo desta ou daquela teoria instrucional e sua respectiva decorrência metodológica, sem uma análise questionadora de seus fins pedagógicos e sociais. Esquece-se, assim, o educacional e o social em detrimento exclusivo da dimensão técnica de ensino.

Essa dimensão técnica é hoje operacionalizada através de modelos de ensino originários de teorias de aprendizagem e sem a sua necessária conexão com o contexto social em que as escolas estão inseridas.

A meu ver, os modelos atuais para a orientação do processo ensino-aprendizagem atravessam uma fase bastante crítica por tudo aquilo de insignificante que encerram em relação às problemáticas social e educacional autenticamente brasileiras.

Esses modelos estão, no momento histórico atual, alienados no tempo e no espaço.

Alienados no tempo, esses modelos estão atrelados a um passado histórico recente e imbuídos de uma filosofia de educação marcada pelos resquícios do perenealismo, portanto, de uma filosofia regressivista cheirando ao romantismo em relação à estrutura social vigente, impedindo assim mais e maiores mudanças qualitativas para o progresso social e educacional.

Alienados no espaço, os modelos apresentam-se na sua maioria como modelos de ensino importados *ipsis literis* de outras realidades sociais e educacionais, totalmente desvinculados do contexto sócio-político-econômico em que nossas escolas estão inseridas, contribuindo assim para o alastramento da patologia do sistema de ensino.

Frente a essa situação como atenuar e superar os efeitos castradores que estão representados em muitas técnicas didáticas advindas desses modelos de ensino?

Como evitar que os conteúdos desenvolvidos pela didática continuem limitando o desempenho do educador e não oferecendo oportunidades de uma abordagem mais viável para nossa realidade escolar?

A busca de pressupostos teóricos para o ensino de didática deve estar calcada numa estrutura teórica cuja decorrência metodológica não isole os fins pedagógicos dos fins sociais.

A ligação fins-pedagógicos-fins-sociais deve ser implementada pela didática tornando-se como ponto de referência a realidade social onde o ensino está em desenvolvimento.

Por outro lado, as poucas críticas que se tem levantado nos últimos tempos sobre o ensino de didática, observa-se uma tendência a privilegiar mais o questionamento de sua "razão-prática", que o de sua "razão-teórica".

A dicotomia entre a crítica da "razão-prática" e a crítica da "razão-teórica" da didática pode ser apontada como uma das principais responsáveis pelo caráter unilateral que o ensino dessa disciplina assumiu ao longo dos anos.

Essa dicotomia tem restringido o conteúdo teórico do ensino de didática a uma preocupação singular com o fato-pedagógico, como se fosse possível admitir a ação educativa isolada do contexto social.

O momento atual é, pois, o de repensar a "razão-teórica" e a "razão-prática" da didática para alcançarmos um fazer-didático, que nos liberte da abstração-pedagógica e do obscurantismo cultural tão evidentes em seus conteúdos programáticos.

Assim, a introdução de elementos que possam oferecer à teoria didática um conhecimento mais preciso das realidades educacionais e sociais será certamente uma tônica imperiosa para a superação de referenciais teóricos que impeçam essa disciplina de refletir criticamente a realidade educacional em todas as suas dimensões.

Para que isso se torne possível, urge assim acrescentar à teoria didática a dimensão político-social.

O aparecimento da dimensão político-social no ensino de didática fornecer-lhe-á meios para que se aproxime de uma dimensão técnica mais condizente com os contextos social e educacional.

Destarte, os propósitos pedagógicos para a prática escolar serão retirados da leitura das condições socioeducacionais em que essa prática está sendo desenvolvida.

A relevância da introdução da dimensão político-social do ensino de didática está no auxílio que pode prestar ao educador no desvelamento da realidade para a busca da decorrência metodológica de uma prática mais significativa.

O processo ensino-aprendizagem prosseguirá na sua caminhada forçosa ou inocentemente neutra se o ato-pedagógico não for encarado pelo ensino da didática como pertencente a um projeto mais amplo, onde o pedagógico e o político aparecem como um único ato: o ato-educativo.

O referencial teórico do ensino da didática tem sido, portanto, marcado pela sua passividade frente aos problemas mais significativos da prática educativa quotidiana. Não está assim se direcionando para uma visualização que vá de encontro e se confronte com as dimensões globais do processo educacional que propicie a indispensável conexão entre a sociedade, a educação e a política.

A didática não pode permanecer ancorada no "ativismo pedagógico", no exclusivismo da ação, porque passa atualmente sua decorrência técnica.

O "ativismo pedagógico" como fim em si mesmo é taxativamente duvidoso e perigoso, uma vez que faz da prática pedagógica uma prática altamente mecânica, tornando-a insignificativa tanto para o educador como para o educando. O "ativismo pedagógico" mostra a ineficiência da "ação pela ação", tornando o fazer-didático um mero instrumento desligado de seu verdadeiro fim.

Cabe aqui o questionamento: como viabilizar a superação da decorrência teórica da didática considerada como insatisfatória?

Tomemos, pois, as seguintes reflexões que, a meu ver, poderão aproximar a didática de um referencial teórico ideal (O referencial teórico *ideal* é aqui entendido como a antecipação de um referencial teórico *real*).

Um dos principais papéis da didática é problematizar e contestar o educacional e o social que lhe ditam normas e regras inflexíveis. Esse papel a levará a extrair os subsídios teóricos para a redefinição e criação de meios instrucionais para o desenvolvimento de situações didáticas reais.

Para tanto, não basta o simples problematizar e o refletir criticamente apenas empregando textos didáticos que sejam críticos e problematizadores, se as atitudes dos educadores e dos educandos forem apáticas sobre as reais necessidades dos contextos social e pedagógico nos quais estão inseridos.

É pela ação e pela reflexão-crítica-analítica que, conjuntamente, educador e educandos atingem o desequilíbrio da certeza pedagógica do fazer didático. É assim, portanto, que o fazer-didático, do giz de cor aos sofisticados meios cibernéticos, livra-se da "didática-vazia" que geralmente se baseia em referências sociais e educacionais também vazias.

Assim, o fazer-didático-real vai depender da atitude que educadores e educandos tenham da "concepção do educacional" que provém, simultaneamente, de dentro e de fora da escola.

O fazer-didático pré-fabricado vai assim ser cuidadosamente analisado, antes de sua adoção em circunstâncias educacionais. O seu perigo-didático não reside tanto naquilo que as receitas metodológicas encerram, mas na ingenuidade do educador que vê no "leque-metodológico" o remédio para todos os problemas do processo didático.

Por outro lado, a didática que faz do educador um intermediário entre o livro-texto e o educando não pode ser considerada como um fazer-didático-real. Ela nada mais é do que uma "didática-informativa" onde a figura do educador torna-se desnecessária, podendo inclusive sair do cenário da sala de aula.

O fazer-didático-significativo vem de dentro do próprio contexto socioeducacional e não admite no seu momento atual a pedagogia do prato-feito. Tem-se, portanto, um fazer-didático-significativo, quando o mesmo analisa suas contradições específicas e responde positivamente aos problemas do contexto de sua ação. O estudo e a análise, detalhada e minuciosa, de caracteres específicos do processo didático é que preserva o fazer-didático da ação dogmática e mecânica, a situações novas, diferentes e significativas.

O verdadeiro fazer didático é aquele capaz de refletir corretamente cada situação de aprendizagem a partir do exame concreto da realidade onde educador-educando estão inseridos, envolvendo, cuidadosamente, todos os dados necessários à sua solução que intrinsecamente será sempre parcial, porém aproximar-se-á mais das necessidades educacionais concretas.

É através da crítica e da autocrítica que o fazer-didático atinge as contradições que envolvem o "ato de ensinar" e o "ato de aprender", chegando a um novo processo didático mais adequado e mais real. O aparecimento desse processo é que dá à didática as características de um saber-fazer significativo.

A teoria didática vai, assim, fornecer bases para que a ação educativa assuma as características de um "momento pedagógico processual", cuja ação precípua será sempre para a realidade circunstancial. Não negando essa realidade, não será reduzida à repetição de habilidades técnicas de ensino e de "movimentos com características mecânicas".

Esses "movimentos mecânicos" serão substituídos por "movimentos espiralados e divergentes" que caminharão do específico ao geral e deste ao específico, assumindo as características processuais de um saber sempre redefinido a partir da experiência concreta em ação.

III

Finalizando esta comunicação, chego à conclusão que o ensino da didática é passível de críticas sob muitos aspectos. Um deles está representado no caráter altamente mecanicista que essa disciplina vem assumindo nos últimos anos, em nome da objetividade e cientificidade do ensino.

As reflexões críticas aqui relatadas sobre a suposta neutralidade da didática (suposta porque a didática, a exemplo da educação, não é neutra) que supervaloriza a dimensão técnica do ensino, podem, a meu ver, ser transpostas para um dos encaminhamentos da tendência atual do ensino dessa disciplina, que caminha no sentido de ser desenvolvida dentro da exclusividade de uma dimensão estritamente política.

Entendo que, se a didática tomar isoladamente uma ou outra dimensão, permanecerá no seu dilema atual, ou seja, continuará entre o precário e o ilusório, não atingindo sua finalidade real nos cursos de formação de educadores.

Assim, a dimensão técnica e a dimensão política da didática devem ser trabalhadas dentro de um mesmo *continuum*, espiralado e integrador, para que o processo didático venha a ser mais significativo e assuma seu verdadeiro papel em nossas escolas.

Qual, então, a didática que pressuponho?

Trata-se de uma DIDÁTICA UTÓPICA.

Por DIDÁTICA UTÓPICA não quero dizer que ela não exista ou não seja possível de existir.

É uma didática possível.

Uma didática sempre em "devenir", que supera os "modismos", o "faça-como-lhe-foi-dito" e os "modelos de ensino" que não correspondem às exigências da realidade educacional.

Essa didática terá sua origem nas contradições que envolvem o "ato de ensinar" e o "ato de aprender" que se apresentam circundados pela problematicidade mais ampla da sociedade atual.

Não pressuponho, portanto, a adoção de uma DIDÁTICA ESPONTANEÍSTA, nem tampouco uma DIDÁTICA PATERNALISTA. Pressuponho, isso sim, uma DIDÁTICA com uma FILOSOFIA DE AÇÃO DIALÉTICA.

III

Abordagens alternativas para o ensino da didática

III

Abordagens alternativas para o ensino da didática

ZAIA BRANDÃO
PUC/RJ

Desde março de 1980, com a I Conferência Brasileira de Educação, deu-se uma grande expansão e ampliação dos debates sobre a urgência da superação da fase da "crítica da educação". Bem antes de 1980, no entanto, este debate já era desenvolvido sobretudo nos meios acadêmicos. Já possuíamos então, e hoje muito mais, um enorme acervo de boa (e má) literatura sobre a escola reprodutora, capitalista, opressora, etc. que serviu bem para desvendar as bases da prática pedagógica corrente entre nós, que tem-se demonstrado incapaz de garantir a permanência e aproveitamento escolar, para a maioria da população que chega às nossas escolas públicas.

A questão que se coloca então, e ainda agora, é a da necessidade de concentrar esforços no sentido de descobrir e *propor alternativas didáticas que subsidiem a reformulação dessa prática*. O objetivo é alcançar a "competência técnica", tão reclamada para e por professores e técnicos de educação responsáveis pela prática pedagógica desenvolvida em nossas escolas (públicas).

Por que se fala tanto e há tanto tempo em competência técnica, e pouco ou quase nada se conseguiu?

A incapacidade dos meios acadêmicos de gerar o conhecimento necessário para a formulação de alternativas didáticas que levarão à competência técnica, e a insatisfação acumulada pela receptividade de suas "críticas" e "diagnósticos" sobre o estado da educação e ensino brasileiros, os têm pressionado, no entanto, a saírem dos gabinetes das universidades e dos centros de pesquisa, para se aproximarem da *prática*, anteriormente "distante", objeto de estudo, ou "campo" de coleta de dados.

Exemplo dessa inevitável aproximação do "mundo da prática" é a frequência com que tem sido solicitada a participação de usuários do sistema escolar ("membros da comunidade" e professores de 1º e 2º graus, nos congressos e seminários ultimamente organizados pela comunidade acadêmica.

Também "do lado da prática", a incapacidade de reverter a tendência ao fracasso, do trabalho pedagógico com as camadas populares, somada ao incômodo de ser alvo constante de críticas, que agora emergem de todos os lados e não mais se restringem a "algumas vozes mais radicais" do mundo acadêmico, levou professores e técnicos a participarem com frequência das "discussões acadêmicas", e as trazer para o seu mundo de trabalho.

Esta aproximação, no entanto, que se tem dado com grandes doses de desconforto, tem sido, ao mesmo tempo, marcada por grandes doses de decepção, pela falta de alternativas apontadas, por quem tem formulado críticas tão bem articuladas.

Parece evidente que tanto os "*teóricos*" quanto os "*práticos*" têm sido incapaz até o momento de fornecer os elementos que comporão a competência técnica tão reclamada para a nossa escola.

Entretanto, a meu ver, a produção de conhecimentos que fundamentarão a "instrumentalização teórica" dos responsáveis pela ação pedagógica não se concretizará enquanto não superarmos inteiramente (acho que já começamos, pela aproximação dos "dois mundos") a tradição de "polarização de competências" entre nós.

Por polarização de competências entendo a divisão que normalmente existe entre:

— os que se situam preponderantemente *do lado do fazer* (professores e técnicos nas escolas) e

— os que se situam preponderantemente *do lado do pensar* (pesquisadores e "cientistas" em universidades).

A aproximação mútua tem possibilitado o registro, a sistematização, a especulação, a coleta de subsídios para que se dê a produção dos conhecimentos "úteis" – porque "contextualizados – necessários à intervenção adequada no sistema escolar, num reconhecimento tácito, de que a divisão social do trabalho limita ambos os polos: teórico e prático.

Assim, se não temos ainda elementos disponíveis, em termos de alternativas didáticas, para compor um novo projeto de educação e ensino para a nossa escola pública, temos certamente práticas alternativas isoladas (do lado do fazer) e fundamentação crítica consistente (do lado do pensar) que, trabalhadas em conjunto, gerarão o conhecimento necessário.

Sobre as causas da impossibilidade de "teóricos" ou "práticos" isoladamente produzirem o saber necessário à competência técnica

O mundo acadêmico não foi capaz de elaborar até hoje tais alternativas porque esteve muito preso às teorias e modelos importados que utilizam padrões de alunos, professores e escolas fixados em torno de um "valor médio", que entre nós não é representativo do universo de alunos, professores e escolas que configuram o nosso Sistema Escolar.

Não haverá alternativas, se não houver conhecimentos específicos das condições concretas da prática de nossos professores de 1º e 2º graus, e das características das populações "carentes" que constituem a maioria dos nossos escolares. Estas são assim qualificadas porque o conhecimento que acumulamos "sobre" elas retrata *o que não têm*, porque não nos preocupamos, até então, em descobrir o que *são, fazem, sabem, vivem* e, portanto, *têm*, pois reportávamo-nos sempre a "padrões", que eram tidos como "normais" e naturais" porque correspondiam ao que podia alcançar a pequena parcela das camadas sociais, de onde emergiam os quadros do nosso mundo acadêmico.

Os que militam o universo escolar também não têm sido capazes e articular e sistematizar suas experiências positivas e o conhecimento contextual que detêm – ainda que muitas das vezes contraditório e incompleto – pela imersão em que se encontram numa prática, que exige "soluções imediatas" para "levar ou manter o barco" pelos "mares turbulentos" dessa prática, que não lhe dá espaço ou tempo para refletir, sistematizar e elaborar os dados de realidade, que permitirão redirecionar sua ação no sentido mais adequado.

É, como dissemos, na conjunção desses dois universos de experiência que estará a condição de caminharmos.

Gostaríamos, agora, de expor algumas considerações sobre o ensino da didática nos cursos de formação de professores. Os elementos que serviram de base a tais considerações foram:

– minha própria prática docente;

– entrevistas com professores que "funcionam" (bons professores que atuam em boas escolas particulares e em escolas públicas);

– resultados da pesquisa que coordenei sobre Evasão e Repetência no 1º Grau.*

Estas considerações desenvolver-se-ão em três momentos:

1. a didática que se ensina nos cursos de formação de professores;

2. a didática que os professores usam em sua prática profissional;

3. os desafios do sistema de ensino;

– subsídios para se repensar o ensino de didática.

1. A didática que se ensina

Uma questão a meu ver poderá orientar o "balanço" sobre a didática que se ensina:

– *O que aconteceria aos cursos de formação de professores se fosse eliminada a cadeira de didática?*

Com base nas entrevistas com professores e na minha própria experiência, acreditamos bastante próxima da verdade a afirma-

---

* BRANDÃO, BAETA & COELHO ROCHA. *O Estado de Arte da Pesquisa sobre Evasão e Repetência no Ensino de 1º Grau no Brasil* (1971-1981). Rio de Janeiro: Iuperj/Inep, 1982.

ção de que *não aconteceria nada. Ou seja, em nada se modificaria o perfil da prática pedagógica da maioria dos professores.*

A didática destes cursos é inútil. Os professores entrevistados não souberam citar nenhum livro ou autor de didática, de que tenham se servido para subsidiar a prática docente. Nem mesmo destacar algo do conteúdo da disciplina que lhes tenha sido de valia. Nunca recorreram a tais livros a não ser por ocasião de "concursos públicos". Nenhum soube citar um professor de didática, ou de licenciatura, que tivesse marcado sua formação.

Tais depoimentos levaram-me a perguntar.

Será tudo uma grande inutilidade?

Será que não houve nenhum progresso na área nos últimos 20 anos (quando eu fiz meu curso?).

Revendo os livros mais utilizados na área hoje, parece-me inegável ter havido um "progresso interno na área": há uma significativa melhora na organização e sistematização dos conteúdos da didática, houve uma ampliação desses conteúdos em relação à minha fase de estudante: análise sistêmica, formulação de objetivos, avaliação, técnicas de trabalho em grupo, etc. Além disso, uma certa "sofisticação científica" da área é indiscutível.

Entretanto, as principais críticas dos entrevistados centram-se em:

– Falta aos cursos de didática "pé na realidade". Ou seja, falta a *contextualização ou enraizamento na realidade do nosso ensino,* das nossas escolas e de sua clientela e nas condições da prática profissional do nosso professor.

– "Cópia de modelos estrangeiros"... "Os países desenvolvidos, onde são gerados estes modelos, têm condições de fixar o professor em tempo integral em uma única escola, o que torna possível que este conheça bem os seus alunos e a própria escola; têm recursos e materiais em profusão e todo um apoio técnico-administrativo para fornecer ao professor os recursos e serviços de que precisam. Entre nós, o professor raramente conta com um 'serviço de datilografia'" [sic].

– "Os professores de didática pretendem, pois, dar receitas com ingredientes (importados) que não estão disponíveis no mercado"...

– "Não têm vivência de sala de aula e de escolas, nos níveis e com os grupos com que os futuros professores irão atuar. Propõem o que nunca aplicaram nas situações e contextos que serão os que o futuro professor enfrentará".

– "A didática está sempre cheia de 'modismos': trabalho em grupo, 'criatividade', objetivos comportamentais, avaliação de atitudes, etc. Como um professor pode avaliar atitudes (referência aos conselhos de classe) se a cada semestre tem 10 ou mais turmas de 400 a 500 alunos"?

– O professor que tentar formular suas provas de acordo com os objetivos de Bloom morre de estafa, ou de fome"...

Enfim, os depoimentos orientam-se no sentido de questionar os professores de didática "com suas regras e técnicas importadas" que no entanto ignoram completamente as condições concretas da prática de nossos professores e da vida da maioria dos nossos estudantes.

2. A didática que se usa

– "É a que se aprende ensinando e experimentando dentro das condições concretas de professor em nosso sistema de ensino (com alunos x, y em escolas a, b)".

– "Quadro-negro, giz e livro didático são os recursos usuais da maioria dos professores".

– "Quando gosta do que faz soma a isso uma boa dose de entusiasmo e motivação que se reflete em sua prática e em seus alunos, que se envolvem e por isso aprendem".

– "Têm preocupações em adequar o que querem alcançar com seus alunos (objetivos) com o que podem alcançar com aqueles alunos. Com a adequação dos exemplos (concretizações), com a escolha dos exercícios, com o ritmo da aula, com a diversificação de formas e recursos que dependem basicamente dos 'recursos dramáticos' do professor, do conhecimento da realidade de cada grupo de alunos, e, algumas vezes, dos recursos das próprias escolas".

Foi unânime a afirmação de que o professor aprende a ensinar ensinando, ou seja, na prática; é aí que desenvolve a "sua didática", obedecendo ao *seu estilo*. Gostando do que fazem, colocando no que fazem *emoção e entusiasmo*, acabam contrabalançando as precárias condições de sua prática (muitas horas/aula semanais, ensinar em várias escolas para compensar os baixos salários, falta de recursos da escola e dos alunos, etc.).

Unânime ainda a queixa de aviltamento das condições de trabalho do professor, o que aponta, a meu ver, para a necessidade de ser melhor trabalhada a "dimensão política da ação pedagógica", para que vá além do reconhecimento do aspecto político da educação escolar, até alcançar as condições necessárias para uma prática pedagógica eficiente.

Gostar do que faz, segundo os mesmos depoimentos, implica em *dominar a área e os conteúdos que ensina* (outro ingrediente, unanimemente apontado como indispensável para ser um bom professor). Quando fazem cursos de aperfeiçoamento, procuram os relacionados à disciplina que ensinam; jamais os de técnicas de ensino ou "pedagógicos". Não estaria aí mais um indicador da distância desses cursos da realidade da prática dos professores?

Mostraram, de uma maneira geral, uma profunda rejeição pelos "pedagogos": "Falam do que não dominam"... "Muito discurso, pouca visão de realidade"...

A didática que se usa é forjada na prática. Esse fato, somado ao desprestígio crescente da profissão – que por isso não tem como selecionar os que a escolhem como profissão – faz com que seja "campo residual" de mercado de trabalho. Enormes contingentes de "profissionais provisórios" ("se não conseguir... vou ser professor"...) entram assim para o magistério, incapacitados de "elaborar sua didática na prática", porque a rejeitam, nela não se envolvem e dela não gostam.

Talvez aí esteja a explicação da pouca efetividade da "didática que se usa" em nossas escolas. Ela depende dos que "gostam do que fazem", dos que "colocam emoção e entusiasmo em suas aulas" e esses, dadas as condições concretas da profissão, são uns poucos "vocacionados" que independem da "didática que se ensina" nos cursos de formação de professores.

3. Os desafios do sistema de ensino*

1. As pesquisas nacionais e internacionais apontam convergentemente para a *relação entre nível socioeconômico e desempenho escolar. Alunos de níveis socioeconômicos elevados tendem significativamente a ter desempenhos mais elevados, não importa em que tipo de escola.*

O aluno de "bom nível" praticamente independe da escola; a "boa didática", a meu ver, deve ser avaliada pelos bons resultados que obtém com os alunos "fracos". O efeito combinado das "variáveis escolares" explicam mais a diferença de rendimento dos que dependem exclusivamente da escola para alcançar os conteúdos e habilidades escolares do que o seu *background* social. Para os "alunos pobres" faz muita diferença a *qualidade da escola.*

Caberia, face a isso, perguntarmos por que entre nós, apesar de toda a "evolução" da didática e tecnologia do ensino, ainda não conseguimos um impacto positivo sobre o rendimento escolar?

2. As pesquisas estudadas foram unânimes em afirmar que a *escola desenvolve uma prática inteiramente distante do universo cultural da maioria da clientela escolar.*

Está faltando, como já colocamos anteriormente, conhecimento da realidade cultural, e das condições concretas de vida das crianças de camadas populares, que possa fundamentar a capacitação técnica dos professores.

Nenhuma didática será adequada se não se fundamentar neste conhecimento, quer pela sua articulação com as disciplinas afins, que possam fornecer esses subsídios, quer pela busca desses conhecimentos, quando não disponíveis nas disciplinas pedagógicas, com os conteúdos de sua área. Este confronto, certamente, implicará numa revisão dos atuais objetivos, conteúdos e prática do ensino da didática e, provavelmente, constituir-se-á em elemento valioso para a adequação da di-

---

* Esta parte é desenvolvida com base em alguns resultados da pesquisa citada.

dática às condições concretas da prática do magistério, possibilitando a adaptação do ensino às necessidades da clientela majoritária de nossas escolas públicas.

3. *Pesquisas que trabalharam com grandes amostras não encontraram correlação significativa entre nível de habilitação do professor e rendimento dos alunos. A variável experiência do professor também não tem efeito linear sobre o rendimento do aluno.*

Este resultado não deve ser interpretado como "não necessidade de qualificação do professor", mas certamente serve para questionar as formas de qualificação até então em prática. Há uma inadequação desta formação às condições de trabalho que o professor irá enfrentar, assim como às necessidades da maioria dos nossos estudantes. É bem possível que esta formação esteja preparando o professor para aceitar como "natural" a baixa produtividade do ensino, à medida que tem colocado fora da escola (no *background* social, privação cultural, etc.) as causas do fracasso escolar.

4. *Foi encontrado maior rendimento por parte de alunos de professores que ensinam em séries de sua preferência.*

O gosto pelo que faz, a motivação e o entusiasmo foram características citadas unanimemente pelos professores entrevistados como básicas para ser um bom professor. O professor "contagia" os alunos com sua motivação.

Será que os cursos e professores de Didática estão instrumentalizando seus alunos para uma prática profissional bem-sucedida? Será que se o fizessem não estariam contribuindo para reverter a atual conformação: gosto pelo que faz/capacitação, para capacitação/gosto pelo que faz?

Depender, nas atuais condições, do pequeno número de "vocacionados" para o magistério, para se alcançar uma prática eficaz, é no mínimo querer manter por cima do "gritante quadro de mediocridade" o esvaziado discurso da "grande tarefa do educador".

5. *A expectativa do professor em relação ao desempenho do aluno tem um papel decisivo em seu rendimento* (Profecia autorrealizável).

A defasagem entre o aluno real e o "padrão de aluno", implícita na maioria das "disciplinas pedagógicas" (inclusive a didática), não é problematizada pelo professor, que diagnostica precocemente, influenciado por esse padrão, a "incapacidade" de seus alunos. A única forma de superar tal problema será através de uma fundamentação teórica adequada ao conhecimento do *aluno real*, presente em nossas escolas, que em sua maioria afasta-se do "padrão classe média".

6. *A burocratização das rotinas e a divisão do trabalho didático dentro das escolas levou a uma diminuição da responsabilidade e autonomia dos professores e a um descompromisso com a eficácia de sua prática docente.*

O que caracteriza a burocratização é exatamente a indiferenciação e rotinização, que leva à imposição de certas normas e padrões. Para os alunos das camadas populares, os efeitos desta prática são extremamente negativos, pois, mais do que outras camadas (as favorecidas), são eles que precisam de diferenciação, estratégias e alternativas variadas, que só o professor em contato direto e quotidiano com eles será capaz de elaborar, se para isso estiver sensibilizado e qualificado.

7. *É entre os "professores de escolas carentes" que se encontra maior insatisfação com a assistência técnica dos órgãos especializados da instituição escolar, SOE, SOP, etc.*

Este resultado parece apontar para a inadequação das "propostas técnicas" dos setores especializados da educação. Aqui parece evidente a distância entre a "racionalização técnica", as tecnologias educacionais, "laboratórios de currículos", etc., e as necessidades concretas de "competência técnica" para os professores dessas escolas. Parece inadiável a revisão dos princípios que vêm norteando a formação dos especialistas em educação e dos próprios cursos de didática.

8. *A prática de planejamento dos professores é formalizada, ritualística, normalmente cópia de um produto ideal acabado.*

O planejamento é "pro forma", para o simples cumprimento de normas burocráticas. Se os professores tivessem aprendido uma forma útil e adequada de planejamento para o desenvolvimento de seu trabalho, que lhes garantisse eficácia e rendimento a um "custo" equivalente, certamente o utilizariam. Aí sim teríamos a "instrumentalização técnica" do professor.

9. *Os alunos de camadas populares são absorvidos pelas escolas de condições mais precárias.*

Este é um "efeito perverso" de nosso sistema de ensino encarado como "natural" pela maioria dos professores. Não caberia à didática desenvolver recursos e meios menos sofisticados e mais ligados ao contexto das escolas das camadas populares, revertendo assim a tendência de oferecer piores condições de ensino, exatamente para os que dependem exclusivamente da escola para ter acesso ao saber que tem valor social?

Estas são algumas das reflexões que esperamos que possam servir, entre outras, para subsidiar uma revisão das bases em que se assentam os cursos de formação de professores e, dentro deles, o ensino de didática.

Ensino por meio de solução de problemas

MARGOT BERTOLUCCI OTT
UFRGS

A escola e a solução dos problemas

A escola atual é efetivamente uma escola em crise. Em crise não apenas porque não corresponde às necessidades do estudante brasileiro, mas também porque não está em coerência com uma teoria educacional que justifique sua atuação.

Trata-se de uma escola que abandonou a ideia de ensinar o conhecimento organizado e o desenvolvimento do raciocínio para ocupar-se fundamentalmente com o ensino de conteúdos fragmentados e uma simbologia que só sobrecarrega a mente do aluno.

Uma escola que nem numa perspectiva liberal se mostra consistente, pois nunca chegou a implementar o objetivo da experiência e do desenvolvimento da capacidade de pensar, mas que se centrou apenas no individualismo desligado de seu contexto e de suas responsabilidades com os demais.

Uma escola que, cheia de contradições, de exigência de adaptação, de crescimento isolado concorre para uma teoria não suficientemente explicitada de sociedade, cujas lacunas se manifestam de forma concreta tanto na escola como em outros setores da sociedade.

Uma escola que se diz igualitária e promotora das iniciativas individuais e que na prática exige uma adaptação passiva para todos, destacando os que mais se ajustam e concorrem para a confirmação e manutenção dos ideais já estabelecidos.

Uma escola que abdicou de ensinar, procurando simplesmente sobreviver, num jogo de equilíbrio entre o que as instituições pretendem e as características e as necessidades dos estudantes.

Em estudos que estão sendo feitos em sala de aula, examinando-se as estratégias utilizadas pelos professores, verificou-se que a maioria dos professores utiliza estratégias de dominação, tentando controlar todo o comportamento do grupo que se mostra inquieto e insatisfeito. Em quase todos os casos o ensino é nulo, tanto visto em termos mais conservadores como renovadores.

E enquanto a escola se vê mergulhada em sua insuficiência e em sua luta de sobrevivência cotidiana, os problemas da comunidade multiplicam-se. O aluno não é preparado para lidar com eles, ficando à margem do que de fato acontece e sem qualquer instrumental para interferir: se conteúdo, sem método e sem um conhecimento mais adequado do próprio problema.

Parece que mais uma vez espera-se que uma elite detentora do conhecimento venha a resolver os problemas que se acumulam em nossas portas, como se a escola nada tivesse a ver com eles.

Contudo, a posição que se quer defender é a de que a escola deve partir do contexto problemático em que a comunidade se vê inserida. Deve trabalhar com os problemas reais, concretos. Deve ensinar por meio de solução de problemas.

No passado, o ensino como solução de problemas foi muito estimulado, principalmente, como uma metodologia para desenvolver criatividade. Então importava a complexidade e a novidade da situação para a realização do trabalho. O conteúdo deveria ser atraente para envolver o aluno na solução. De forma alguma, era requisito que o problema fosse uma situação real. Bastava que fosse suficientemente estimulante para provocar uma reação do estudante. Resíduos dessa posição ainda são encontrados em muitas escolas e experiências de ensino em que são propostas muitas tarefas que, apesar de estimulantes, se encontram totalmente alienadas das condições reais de vida da população. Constituem-se então em mero jogo intelectual que, embora tenham o poder de desenvolver algumas atitudes de habilidades de pensamento, correm dentro de um mundo que nada tem a ver com o mundo do cotidiano.

Também foi muito comum, em nosso meio, ensinar-se solução de problemas, apenas como uma técnica a mais dentro do fazer educacional, sem se questionar o que de fato significa ensino por meio de solução de problemas. Atitude, aliás, perfeitamente compreensível, quando se estava inserido dentro de uma cosmovisão que correspondia ao desejo de manutenção da sociedade.

Com isto se quer dizer que nós selecionamos e adaptamos o fazer educacional em função da filosofia aceita como válida para interpretação do mundo. Assim, quando se pretendia preparar indivíduos para assumirem postos de liderança e controle da sociedade, ficava muito bem que se tratasse de desenvolver neles muitas técnicas de trabalho e habilidades individuais, de resolver problemas, independente das condições concretas de seu contexto.

Contudo, quando a filosofia que impulsiona o fazer didático se estriba na ideia de transformar o mundo, o estudante precisa aprender a ler este mundo em todas as suas implicações. Então, não se pode mais trabalhar com questões desencarnadas e distanciadas do real.

Precisa-se, em primeiro lugar, aprender a ver a realidade, e talvez seja esta a tarefa fundamental da escola e, vendo-a, descobrir aqueles problemas que incomodam a população e que, gradativamente, pelo conhecimento e sentimento, deverão também incomodar o aluno.

Essa incomodidade é fundamental, pois, enquanto não se vê o problema como insuportável, a solução não é imprescindível. O cerne do problema está na sua necessidade de ser resolvido e esta solução só poderá aparecer, na medida em que o sujeito se adentra na realidade, quando aprende a usar os conhecimentos disponíveis para arrancar sempre mais informações do real, até torná-lo compreensível.

Nessa perspectiva o conhecimento da realidade, como os conhecimentos já conquistados, se tornam indispensáveis, pois estes ajudam a compreender aqueles, enquanto que o conhecimento do real corrige e enriquece o conhecimentos teóricos.

De uma forma esquemática pode-se dizer que a mente se movimenta, constantemente, na solução de problemas de um plano teórico para um empírico numa continuada modificação do pensamento.

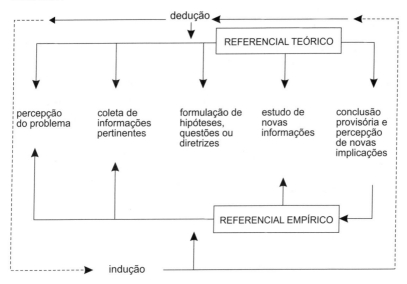

Figura 1 – Esquema do processo de solução de problemas.

O ensino por meio de solução de problemas

Uma das maiores dificuldades no ensino por meio de solução de problemas se refere à preparação do professor. Mas não só. Um fator igualmente relevante diz respeito à comunidade, que, de modo geral, supõe que cabe à escola o ensino dos conhecimentos relacionados com o passado e tem o temor de ver o estudante apontando as falácias do mundo dos adultos. Aliás, desse mesmo sentimento participam alguns professores que, educados dentro de certas ideologias, desenvolvem as ideias de adaptação e submissão para o estudante ou que os colocam apenas como seres para jogos e brincadeiras, sem qualquer vinculação crítica com o mundo estruturado. Sem nunca terem examinado com cuidado os fundamentos dessas teorias, nem analisado as indagações dessas atitudes ou verificado o quanto a realidade as contradiz, as usam a favor da manutenção do contexto geral da sociedade. Não se deram conta sequer que a maioria da juventude brasileira faz parte da força do trabalho e que o mundo dos jovens, contrariamente ao que é apregoado, é o mundo dos adultos, e que, portanto é esse o mundo que tem de ser examinado.

Obviamente, além dessas dificuldades, estão as dificuldades técnicas. Concorrem, para tais dificuldades, o baixo nível de conhecimento da realidade que os próprios professores apresentam, sua inexperiência para trabalhar com solução de problemas, quando não há ignorância a respeito dos próprios campos já constituídos do saber.

Tornando o ensino por solução de problemas ainda mais difícil, apresenta-se o ensino por objetivos ligado à ideia de ensino para o domínio, que fragmenta tanto o conhecimento como a realidade a que o conhecimento poderia se referir e que atualmente se encontra muito em evidência em várias regiões da América Latina.

O ensino por objetivos faz, como depõem muitos professores, com que o aluno perca a visão da estrutura geral do conhecimento, se torne incapaz de vincular teoria e prática por meio dos processos de transferência e rouba toda a liberdade de aprendizagem do aluno, o que não acontece no ensino por meio de solução de problemas.

No ensino por meio de solução de problemas, o aluno se defronta com situações reais e concretas e tem muitas alternativas, tanto para compreender o problema, perceber suas implicações como para pensar em alternativas de solução.

Em solução de problemas, o importante sempre é que o sujeito se disponha a penetrar na realidade e que inicie o estudo sobre ela.

Nesse sentido desejo relatar uma experiência de ensino por meio de solução de problemas desenvolvidos com estudantes da 7ª série do 1º grau.

Numa escola de Porto Alegre, os professores do ensino de Ciências dispuseram-se a trabalhar com ensino por meio de solução de problemas, desenvolvendo o ensino a partir das situações concretas, onde o aluno vive. Como decorrência dos programas da Organização Mundial da Saúde – Saúde para o ano 2000 – e da Campanha da Fraternidade – Saúde para todos – promovida pela CNBB, os professores decidiram trabalhar com a alimentação da população, suas causas e consequências. Para isso organizaram uma estratégia de ensino composta basicamente de sete etapas que foram vivenciadas ora em grupo de cinco estudantes, ora individualmente.

A primeira etapa constou da localização e representação em mapa de ruas da cidade em que existiam moradias que, pelo tamanho e qualidade de materiais, indicassem tratar-se de família de condição econômica baixa, média e alta (mansões), o que foi feito individualmente. Cada aluno procurou a realidade mais acessível para seu trabalho.

A segunda etapa consistiu no levantamento do consumo de alimentos da população.

Os estudantes, em grupos de cinco, entrevistavam uma família de classe alta, média e baixa, registrando em ficha fornecida pelo professor o quanto de alimentos básicos eram consumidos em cada família.

Os estudantes colheram os dados, tendo o cuidado de registrar o número de pessoas por família e reuniram os dados colhidos, podendo então calcular o consumo mensal, semanal e diário de cada pessoa em geral e por classe econômica.

Com estes dados, puderam comparar não apenas o consumo de alimentos em cada classe social, mas também com os índices ideais, de acordo com as tabelas fornecidas por especialistas em saúde.

Representaram suas descobertas, por meio de quadros comparativos e gráficos em barras, a fim de tornarem evidentes as diferenças encontradas.

Foi nessa etapa que o aluno mais fortemente se deu conta da problemática, embora já a percebesse durante a coleta de dados.

Porém ela se tornou ainda mais profunda nas etapas seguintes em que o aluno estudou a composição dos alimentos e sua função no organismo.

A terceira etapa consistiu na identificação de substâncias através de indicadores tais como a água nos alimentos, por meio da evaporação, a carbonização dos materiais orgânicos, o sal pelo nitrato de prata, proteína pelo ácido cítrico, o glicídio, o amido, os lipídios pelos indicadores de Fehling, Lugol e Sudan, especificamente.

Os resultados encontrados nos experimentos eram organizados em tabelas para facilitar o uso posterior, quando foi feita a avaliação dos indicadores.

Esta etapa e as subsequentes foram as que se desenvolveram no laboratório de química.

Importa destacar que a experiência foi desenvolvida pelos professores de ciências, todos licenciados em biologia, mas que souberam buscar apoio em pessoas e materiais para realizar o ensino de uma maneira interdisciplinar.

Na quarta etapa, estudou-se a composição de soluções, aplicando-se os conhecimentos anteriormente adquiridos já com vistas à etapa seguinte, bem mais complexa.

Na quinta etapa, tratou-se da composição química dos alimentos, como o pão e o leite, a carne, a verdura.

Na etapa seguinte, o aluno realizou uma comparação entre o valor energético da ração alimentar ideal, suas funções para o organismo, e a ração consumida pela população.

Por fim, como última etapa, o aluno procurou estabelecer um diagnóstico sobre as condições de saúde da população estudada, bem como formular um prognóstico a respeito dessa população no que se refere a crescimento, educação, trabalho e outras categorias que julgou importantes.

Durante toda a estratégia, o aluno trabalhou com as causas chamadas próximas, isto é, verificou as causas óbvias que resultam nas más condições de saúde da população. Contudo, quando foram levantadas alternativas de solução, muitos indicaram as causas menos óbvias dessa realidade, como programas de saúde, educação e renda per capita, pois esses fatores estavam presentes na realidade examinada e o aluno soube captá-los.

Cabe ainda relatar que, depois de os professores terem vivido esta experiência e terem aprendido sobre a realidade concreta, eles ficaram entusiasmados, para organizar o ensino desta forma em todo o ensino por área no colégio. Escolheram então, entre outros, os seguintes tópicos que deverão se converter em problemas de estudos:

– a água em Porto Alegre, envolvendo questões como as condições do Guaíba, o encanamento e o saneamento na zona urbana, as "bicas" e poços de água e o esgoto na periferia da cidade;

– o desequilíbrio na natureza, envolvendo: o desmatamento, ciclo de seca e chuvas, e erosão, a fome, a extinção de espécies, a superpopulação de animais, os polos industriais dos arredores da cidade.

É óbvio que nesse exemplo, bem como nas outras situações, houve e haverá muita direção do professor. Aliás, isso é indispensável. É responsabilidade do professor ensinar ao aluno o conhecimento já constituído, pois de outra forma o aluno terá muitas dificuldades de compreender o problema e prever alternativas corretas ou adequadas de solução.

A solução de problemas não é adivinhação, embora possa se desenvolver com muito menos pistas do que a realizada neste caso.

Com base em Getzel têm-se dividido os problemas em três tipos de acordo com o conhecimento que se tem do problema, do método e da solução.

O tipo um é quando tudo é conhecido pelo professor e só o resultado não é conhecido pelo aluno. O tipo dois, quando o aluno não conhece nem o resultado, nem o método e o professor conhece tudo, menos o resultado. O tipo três, quando aluno e professor têm de construir tudo, tanto a respeito do problema como do método e dos resultados.

No exemplo apresentado, tratava-se de um problema tipo dois em que o professor mais tem que trabalhar junto com o aluno, orienta na tarefa, embora nem ele conhecesse os níveis de alimentação da população estudada.

Importa ainda ressaltar que o ensino por meio de solução de problemas, além de apresentar a vantagem de transformar o próprio professor num pesquisador e conhecedor da realidade junto com o aluno supera alguns tópicos didáticos derivados do tecnicismo, como o ensino por meio de objetivos e a própria avaliação, enquanto algo desconectado do ensino.

Por meio do ensino de solução de problemas, a avaliação se faz naturalmente no contato do aluno com a experiência e na análise que realiza junto com o professor. Nenhum artificialismo precisa ser introduzido, pois em cada etapa o aluno realmente aplica o que recolheu na etapa anterior, não havendo, portanto, necessidade de interromper a aprendizagem para examinar as condições do aluno.

A experiência aqui relatada foi desenvolvida com professores em serviço, contudo experiências similares já foram realizadas com estudantes universitários, onde eles mesmos desempenhavam o papel de solucionadores de problemas.

Uma experiência desse tipo foi desenvolvida, por exemplo, a respeito do nível de consciência da população e outra acerca das habilidades necessárias e importantes para o ensino, em que o próprio aluno ia construindo seu referencial teórico a partir de experimentação.

Em todos os casos, o que se pôde verificar foi o alto nível de envolvimento e responsabilidade dos estudantes num clima dialogal, onde cada um tinha algo para informar. O ensino se desenvolveu com a participação de todos, sem o falso privilégio de que o professor é o detentor absoluto do conhecimento.

Desta forma o ensino por meio de solução de problemas se mostra como uma alternativa válida, não só para construção do conhecimento ou sua redescoberta, como, também, para a criação de um ambiente de pesquisa em que aluno e professor se aproximam de forma real. Isto é, uma forma em que o professor não precisa simular um não saber para estimular a descoberta do aluno, mas que pelo seu não saber real, pois desconhece de fato os resultados e/ou solução, também se entusiasma com a tarefa. Sem exigir este ou aquele resultado ou procedimento, o professor, com o aluno, vai paulativamente lendo o real e compreendendo o seu compromisso com ele. Por isso é uma forma de ensinar que deveria ser desenvolvida pelo professor que deseja competência técnica e sensibilidade para com o real.

IV

A pesquisa em didática
Realidades e propostas

IV

A pesquisa em didática
Realidades e propostas

Novos enfoques da pesquisa em didática

MENGA LÜDKE
PUC/RJ

"... Cada vez que oferecermos condições para que nossos professores *vejam* a realidade tal qual de fato ela é e a aceitem plenamente, estaremos ganhando pontos" (BALZAN, 1982). O papel da pesquisa em didática me parece muito bem introduzido por essa frase do colega e amigo, em discurso recente. Ela se seguia exatamente ao relato de um exemplo extraído da realidade vivida por um professor, que faz da pesquisa um dos seus principais instrumentos para o trabalho didático. Para esse professor o conhecimento das condições reais dos seus alunos é o fio condutor do seu trabalho em classe, e esse conhecimento é decorrente de uma atividade constante de busca de informação, ou seja, de uma atitude de pesquisa. É essa atitude que eu gostaria de lançar provocativamente para a nossa reflexão, ao discutir o tema proposto: a pesquisa em didática.

Se acompanharmos a análise recentemente feita por Guiomar N. de Mello (1982), sobre a figura do professor dentro da escola de 1º grau, veremos com alegria o resgate dessa personagem que desempenha papel absolutamente central no palco da educação. Não creio que o professor tenha sido jamais alijado desse papel, mas o que parece ter acontecido, ao longo do tempo, é uma certa supervalorização de fatores mecânicos em cena, ao lado de um grave descuido das condições de suporte. Estou falando por metáforas, que serão mais tarde esclarecidas, sobre o obscurecimento do papel do professor, desenfocado pelo *spot-light*, dirigido a outros fatores, na expectativa de através deles se salvar a cena. Restabelecido o foco, graças inclusive a estudos como o já citado, voltam-se as atenções para esse importante ator. Quem é ele, como está sendo formado, como se sente dentro da profissão, qual a sua origem social, quais são seus hábitos e, sobretudo, como ele pensa, como se representa o processo educacional e como se vê dentro dele?

Dentro da perspectiva especificamente didática, pode-se divisar claramente a figura do professor como o mais importante agente, capaz de acionar toda uma cadeia de fatores, que passam necessariamente pelas suas mãos. Mas, além de agente, ele é também paciente de uma série de estímulos, tais como: a sua própria formação, as limitações de recursos de várias ordens, a ação de supervisores e diretores, os modismos da época, as investidas das casas editoriais, a pressão da clientela, entre outros. Como se poderia descrever esse agente-paciente? O que se sabe a respeito dele e de sua ação?

A análise de Guiomar N. de Mello nos despertou para a importância da dimensão técnica no trabalho do professor. Dentro dessa dimensão o aspecto didático parece representar o lugar natural para o seu exercício. É aí que aparece o saber, ou o não saber fazer as coisas necessárias ao processo de ensino/aprendizagem. Não é nova a preocupação da comunidade educativa, sobretudo aquela ligada ao 1º grau, com as questões das eficiências e deficiências didáticas, ou técnicas. O que é novo é o enfoque do técnico ligado ao político, ou do político passando pelo técnico, no dizer de Guiomar. Parece que uma conjuntura de fatores levou ao amadurecimento geral da questão, fazendo com que esse tipo de análise fosse recebido com entusiasmo em todos os círculos. O que leva a crer que, entre outros méritos, o trabalho da pesquisadora teve o de captar magistralmente o discurso que vinha fluindo há algum tempo no pré-consciente da comunidade educativa. Ou, quem sabe, ela é quem foi captada pelo discurso, se posso parafrasear um tanto livremente Foucault...

Com isso, chego a mais uma provocação: como se define atualmente o especialista em didática, o professor dessa disciplina?

Qual é seu saber específico, qual a sua função, qual a sua missão? Estou certa de que muitos dos questionamentos trazidos à baila neste seminário giram em torno desse eixo.

De qualquer maneira, parece que está razoavelmente assegurado, ao menos teoricamente, o espaço devido ao comportamento técnico ou didático, do magistério, uma vez feita, ou pelo menos bem lançada, a recuperação de seu sentido político. Não quero afirmar com isso que a questão já esteja inteiramente resolvida. Acho, ao contrário, que ela está atingindo seu pleno vigor de discussão, dando ensejo justamente a perspectivas bastante promissoras. E aqui se coloca exatamente mais uma proposta provocativa: será a pesquisa um dos meios mais importantes, se não o mais importante, de se situar o componente didático no processo educativo? Ela iluminará a busca dos caminhos para se cegar os fins considerados importantes. E o fará com luz natural, isto é, autêntica. Explicitando um pouco mais a metáfora que empreguei há pouco, ela permitirá esclarecer, com luz de realidade, problemas talvez já enfocados inadequadamente sob luz artificial e mecânica. Com ela entrará um pouco de vida para dentro das salas de aula muitas vezes adormecidas sob o letargo da rotina.

Está aí lançado o desafio e eu sou a primeira a reconhecer e a temer a força do seu impacto. Gostaria por isso de aprofundar um pouco mais a análise desse desafio, para sentir melhor suas dimensões. Para começar o próprio tratamento científico do fenômeno educacional através da pesquisa sempre apresentou, e ainda apresenta, dificuldades não inteiramente resolvidas. Uma emulação dos métodos empregados pelas ciências naturais presidiu sua iniciação científica, quando, ainda na virada do século, figuras fundadoras como Dewey e Thorndike imprimiram marcas profundas, até hoje visíveis na abordagem típica dos estudos dos fenômenos educacionais. Eis um exemplo desse pensamento fundador, em palavras do próprio Thorndike, de 1910. Depois de indicar o tipo de fatos que o estudo da psicologia educacional deveria buscar, ele diz:

> Isso nos ajudaria a usar os seres humanos para o bem-estar do mundo, com a mesma segurança do resultado que nós te-

mos hoje quando lidamos com a queda dos corpos ou com elementos químicos. Na proporção em que conseguirmos tal ciência nos tornaremos senhores de nossas próprias almas, como hoje somos senhores do calor e da luz. Estamos progredindo na direção de uma ciência assim... A primeira linha de trabalho se refere à descoberta e melhoria dos meios de mensuração das funções intelectuais.

(THORNDIKE, 1910)

Esse foi o tom dado inicialmente à pesquisa educacional e pelo qual vem procurando se afinar a pesquisa específica sobre o ensino, ou seja, a pesquisa sobre didática. Que tem ela produzido, quanto caminhou, em que direção, o que tem para oferecer ao profissional engajado na prática do dia a dia? Posso adiantar, com relação a esta última questão, que a contribuição da pesquisa à prática é considerada unanimemente como muito escassa, mesmo em países onde a atividade de pesquisa educacional é intensa.

Justamente agora, eu gostaria de trazer para a discussão da nossa realidade de pesquisa em didática um pouco da realidade vivida num país onde ela alcançou alto índice de desenvolvimento. Acredito que a reflexão sobre o caminho já percorrido por outros pode nos servir de ilustração, pelo menos sobre os erros a evitar. Eu gostaria de apoiar minha reflexão sobre o trabalho de dois pesquisadores bastante representativos da comunidade educacional americana e que apresentaram sua visão da pesquisa sobre o ensino em obras que causaram considerável impacto, em período relativamente recente, na virada da década.

O primeiro deles é N.L. Gage, da Universidade de Stanford, que publicou seu livro *As bases científicas da arte de ensinar*, em 1978. Como o nome já diz bem, ele advoga nessa obra a possibilidade de um tratamento científico do ato artístico de ensinar. Filho legítimo da tradição positivista, tão bem ilustrada por Thorndike, Gage em sua longa carreira vem trabalhando diligentemente em projetos que, a seu ver, contribuem para o estabelecimento dessas bases. Ele é o autor de uma importante resenha de pesquisa sobre o ensino, hoje já clássica (GAGE, 1963), e é o inspirador de um

Centro para Preparação de Professores, bastante inovador, atualmente funcionando na Universidade de Stanford. Seu livro de 1978 causou impacto porque foi exatamente uma tentativa de fazer um balanço da situação da pesquisa sobre o ensino em seu país. Todos sabemos da dificuldade da elaboração de trabalhos desse tipo e da importância que eles têm, vindo de uma autoridade reconhecida na área.

Depois de reconhecer (finalmente!) a fragilidade da pesquisa em educação em geral, pois seu objeto é demasiadamente complexo e de difícil controle, Gage aponta os mais importantes resultados das pesquisas sobre o ensino. Segundo ele, ao longo do tempo, eles vêm se concentrando em torno de algumas variáveis: as chamadas variáveis *de presságio*, tais como certas características do professor: as variáveis *de contexto*, tais como a série de ensino, a matéria, o tamanho da classe; as variáveis *de processo*, que descrevem o que está acontecendo dentro da situação de ensino/aprendizagem e finalmente as variáveis *de produto*, que denotam a quantidade de aprendizagem obtida. É claro, diz ele, que o foco principal de interesse das pesquisas está na relação entre as variáveis de processo e de produto, pois elas darão as pistas para melhoria do ensino, sobre uma base científica. Será isso possível, pergunta-se ele. Dada a complexidade do fenômeno e, portanto, da pesquisa educacional, aconselha Gage, ao professor que quer realizar pesquisa, que se concentre no estudo de duas variáveis, no máximo três. Mas ao se questionar sobre o valor de relações tão simples ele prontamente reconhece "ser melhor ter generalizações às quais podem ser feitas exceções do que não ter nenhuma generalização" (p. 20). E invoca apoio do filósofo Josiah Royce, que já dizia em 1891 "... o instinto necessita da ciência não como substituto, mas como um suporte parcial". Reconhece assim Gage que, além dessa base mínima de generalização, o professor deve mesmo apelar para a sua sensibilidade e imaginação.

Dentro desse quadro brevemente descrito Gage enfrenta o problema de sumariar resultados de pesquisas referentes ao ensino de 1° grau. A síntese a que chega difere de trabalhos semelhantes anteriormente elaborados, na medida em que ele consegue reunir alguns resultados consensuais positivos. Os trabalhos anteriores, em geral, ficaram no nível de dissenso entre as pesquisas sobre o ensino, dando origem até a um importante e chocante anúncio, explodido há cerca de dez anos na comunidade educativa: os professores não fazem diferença! Pois Gage pacientemente contorna uma série de dificuldades de comparações entre pesquisas, sob o ponto de vista metodológico, servindo-se de um mecanismo bastante simples e conveniente. Ele focaliza conjuntos de pesquisa que apontam numa mesma direção, ainda que uma delas individualmente não pudesse sozinha ser suficientemente convincente, devido a limitações de natureza metodológica. É mais importante, diz ele, o sentido mutuamente confirmado por esses estudos do que o valor intrínseco de cada um deles. Chega assim a uma série de inferências, extraídas dessa forma da produção recente de pesquisas sobre o ensino, nos anos iniciais da escolaridade. Ele as apresenta sob a forma de recomendações aos professores e eu transcrevo alguns exemplos:

– os professores deveriam ter um sistema de regras, que permita aos alunos resolverem suas necessidades pessoais e de trabalho *sem ter* que consultar o professor;

– os professores deveriam mover-se bastante pela sala de aula, supervisionando o trabalho que os alunos estão fazendo e lhes comunicando um sentimento de que a presença deles é reconhecida.

Seguem-se outras recomendações, também como essas de cunho bastante prático e que poderiam se resumir no seguinte:

Os professores (do 3° grau) deveriam organizar seu trabalho em classe de modo a otimizar o tempo durante o qual os alunos estão ativa e produtivamente engajados em suas tarefas de aprendizagem. E uma maneira de fazer isso é evitar atividades que desperdiçam tempo, por exemplo, esperar na fila para a correção dos trabalhos ou para receber instruções (p. 40).

Eu quis trazer esta contribuição de Gage, alongando-me um pouco sobre a sua análise, exatamente para provocar um pouco nossa reação. Estou certa de que alguns de vocês estão prontos para me dizer que não é de receitas que precisamos. Estou inteiramente de acordo. A importância do depoimento de Gage reside, entretanto, não nas recomendações em si, mas na maneira como foram estabelecidas. Elas se situam, como o próprio Gage reconhece, num ponto de confluência entre o que mostra a pesquisa e o que já faz a prática eficiente. "Esses modos de agir (dos professores) não teriam sobrevivido ao processo de pesquisa, senão estivessem positivamente correlacionados com a aprendizagem dos alunos" (p. 40).

Pergunto eu agora: o que sabemos sobre os modos eficientes de agir, dentro das nossas condições de trabalho, tão reduzidas, o mais das vezes, mas que representam as únicas e preciosas condições para o desenvolvimento escolar das crianças? O que temos acumulado em matéria de pesquisa em didática? Carecemos quase que inteiramente de informações válidas a respeito. Como ponto de partida sugiro a consulta ao importante trabalho efetuado por Aparecida Joly Gouveia sobre a pesquisa educacional no país, e publicado nos Cadernos de Pesquisa n. 1 da Fundação Carlos Chagas (1971). No balanço geral, em suas próprias palavras "estudos sobre métodos de ensino e recursos didáticos são bem menos frequentes" (p. 7). Não dispomos a respeito de resenhas gerais, do tipo que estuda o "estado da arte", tal como está começando a acontecer com outros temas, por exemplo: como o trabalho coordenado por Zaia Brandão, sobre evasão e repetência no 1º grau (BRANDÃO, 1982). Seria altamente recomendável o desenvolvimento de tais estudos em todas as áreas de pesquisa educacional. Um exame superficial da produção de teses de três programas de mestrado em Educação (dois no Rio e um em Porto Alegre) indica a preocupação com problemas didáticos em cerca de 20% das teses, o que é uma porcentagem razoável, dada a distribuição do total de teses pelos vários temas de interesse. Que têm dito essas teses, quais seus focos de concentração e sobretudo qual a sua contribuição possível para a prática? Ao estimular o desenvolvimento de resenhas gerais sobre o assunto, eu gostaria de lembrar palavras do próprio Gage a respeito do balanço por ele efetuado: "Note-se que muito pouco dos estudos citados, para a construção das bases científicas da arte de ensinar, corresponde aos critérios de haver demonstrado satisfatoriamente relações causais" (p. 40). Para mim elas soam como um prenúncio de ventos novos, soprando no campo da pesquisa educacional, numa direção mais realista e mais prática.

Como última parte deste trabalho eu gostaria justamente de trazer a contribuição de um pesquisador que representa, a meu ver, uma verdadeira rajada de ar fresco nessa mesma direção. Trata-se de Elliot Eisner, também como Gage, da Universidade de Stanford, mas, ao contrário dele, abordando o estudo dos fenômenos educacionais a partir de uma visão que ele chama de estética. No fundo, provindo de caminhos diferentes, os dois pesquisadores estão chegando a uma mesma posição, focalizando o ensino como uma unidade, representada pelo ato de ensinar. A grande contribuição crítica de Eisner, que vem se desenvolvendo através de importantes artigos ao longo de bastante tempo, já encontra-se bem resumida em sua obra *A imaginação educacional*, de 1979. Depois de uma análise crítica muito bem-feita da situação educacional em seu país, ele parte para propostas de novos instrumentos conceituais, que possam responder melhor às necessidades de conhecimento da realidade do ensino. Entre eles se destacam os conceitos de connoisseurship e o de criticismo. O connoisseur em educação seria a pessoa que domina "a arte de apreciar o que é educacionalmente significativo" (p. X). Como o outro lado da moeda, o criticismo representa a capacidade de expressar artisticamente o que foi percebido como significativo.

Eisner tem desenvolvido com seus alunos de pós-graduação importantes trabalhos, utilizando esses dois conceitos, que já começam a mostrar sua influência benéfica no cenário da pesquisa educacional americana. Mas não é tanto sobre esses conceitos, a meu ver, até demasiadamente sofisticados, que se baseia a importância da contribuição de Eisner. É mais sobre o restabelecimento da confiança depositada no julgamento do educador experiente e uma certa liberação em relação aos cânones da pesquisa tradicional em educação. Focalizando especialmente a área de avaliação, ligada diretamente à pesquisa sobre o ensino, ele traça um quadro bastante pessimista, mostrando as consequências profundamente negativas da segmentação do fenômeno educacional para fins de análise avaliativa. O desejo de emulação das ciências naturais e de seus métodos, já comentado, teve efeitos profundos no desenvolvimento da disciplina de avaliação. A necessidade de mensurar todos os fenômenos, tão importante para Thorndike, acabou por se inculcar fundamente nas lides avaliativas. Não se pode negar que ela teve importantes efeitos positivos, sobretudo no esforço de desenvolvimento e bons instrumentos para mensuração de fenômenos educacionais e da percepção das grandes dificuldades envolvidas nesse esforço. Mas, de maneira geral, o exagero da mensuração e dos testes acabou por contribuir para um reducionismo do que é importante ao que é mensurável em educação. Resultou daí o esfacelamento do processo de ensino, para fins de avaliação, com ênfase inflacionada sobre resultados contábeis. A contabilidade, aliás, entrou em cheio em educação, através do conceito de responsabilização (*accountability*) e professores e alunos passaram a ver seu trabalho regido pelas leis da produção. Tudo isso seria muito interessante de analisar aqui, dentro da perspectiva de avaliação educacional, que representa confessadamente um dos meus vieses. Não seria possível, entretanto, fazê-lo no âmbito deste trabalho. Contento-me com dizer apenas que a avaliação vem evoluindo recentemente, caminhando na direção sempre desejada pelos seus mais conscientes pensadores: a de servir para a melhoria do ensino, e não como simples instância de julgamento.

A propósito exatamente da evolução vivida pela disciplina da avaliação, a partir do pensamento crítico de autores como Eisner, Scriven, E. Guba, Bob Stake é que eu gostaria de apresentar minha proposta para a pesquisa em didática: que ela se desenvolva também a partir da busca de novas metodologias, que melhor correspondam às necessidades de estudo sentidas na área. Que nos sirva de estímulo, por exemplo, o trabalho citado por Gage, um pesquisador bastante ortodoxo originalmente, que parte para a aceitação de uma metodologia menos rigorosa, mas mais flexível e eficiente na captação das contribuições do crescimento real que a disciplina vem tendo. Que nos sirva de estímulo o pensamento de Eisner, que se nega a aceitar a fragmentação do ato de ensino, buscando métodos de encará-lo como um todo, ou de Bob Stake, que insiste no caráter responsivo de toda avaliação. Quando de sua visita ao Brasil, em agosto último, para um seminário na PUC/RJ, Bob Stake teve ocasião de dar um forte depoimento sobre a importância de novas metodologias pra a pesquisa e avaliação e sobre a responsabilidade, de nós, brasileiros, a respeito. Como não temos a nos frear uma tradição muito rígida de metodologia de pesquisa, que pesa sobre os americanos, podemos bem mais facilmente evoluir na busca de alternativas mais adequadas. Aí estão elas, aliás, já se desenvolvendo em áreas vizinhas, como a sociologia e a antropologia, que perceberam há bastante tempo a importância de criar instrumentos metodológicos que assumam, como parte integrante, a dimensão interpretativa do estudo dos fenômenos sociais.

Fazer pesquisa simples, sem muita sofisticação, mas de maneira constante, que vá registrando sistematicamente erros e acertos e permita uma comunicação regular com a comunidade educativa, num acúmulo gradual da sabedoria na área, parece-me representar a perspectiva mais desejável no momento no campo da didática.

Durante os debates que se seguiram à apresentação dos temas, ou que se desenvolveram nos trabalhos de grupo do seminário, muitos problemas de pesquisa de interesse para a didática foram discutidos, ainda que sem uma formulação clara. Eu gostaria de apresentar a seguir alguns deles, os que eu pude captar melhor, como uma contribuição prática a ser acrescentada ao texto já anteriormente escrito para o seminário:

– O estudo de práticas inovadoras, desenvolvido por professores profundamente imersos no trabalho de classe, aos quais a pesquisa daria ocasião para recuar um pouco e refletir sobre essa prática. Ao envolver de um lado pessoas ligada à "academia", a pesquisa vai facilitar possivelmente o desenvolvimento de uma linguagem comum que permita às pessoas às pessoas dos dois grupos se comunicarem adequadamente, na busca das soluções necessárias. É na confluência da prática e da teoria que essas soluções aparecerão.

– A procura do "saber" necessário e desejado pelos alunos vindos das camadas populares representa um desafio para a pesquisa em didática. Comumente se compõe um currículo supostamente adequado a esses alunos, a partir de uma ótica comprometida com o que *nós achamos adequado*, o que pode não corresponder à realidade vista por esses alunos e seus pais. A pesquisa bem-feita vai ajudar a escola primária a encontrar as escolhas adequadas em matéria de ensino.

– A tecnologia educacional, embora tão discutível e discutida, ainda não prestou os serviços que poderia prestar ao ensino em todos os seus níveis, mas sobretudo ao primário. Muitas pesquisas precisam ser feitas para avaliar a possível contribuição da tecnologia para uma prática educativa eficiente. É preciso repensar a tecnologia em função de uma outra ótica: menos tecnológica e mais pedagógica.

– Parece que se está chegando a um consenso sobre a necessidade de buscar para o ensino soluções menos ambiciosas e mais viáveis. A pesquisa é o instrumento de trabalho natural na busca dessas soluções, fornecendo informações válidas para orientar as decisões a serem tomadas.

– Certas experiências pedagógicas bem-sucedidas parecem vincular seus resultados a características pessoais de seus responsáveis. Até que ponto essa vinculação explicaria aqueles bons resultados? Será que ela representa uma relação de total dependência, ou haveria alguns aspectos da experiência não inteiramente identificados aos seus criadores e que poderiam ser transferidos a outras tentativas? Em outras palavras: existem componentes das experiências pedagógicas de sucesso que poderão ser aprendidos por outros educadores, também interessados em melhorar seu ensino? Quais são essas partes transferíveis e como se faria essa transferência? Este me parece um dos desafios mais interessantes à pesquisa em didática. Seria uma espécie de busca da equação pessoal e de seus efeitos no caso específico estudado. Uma vez isolada essa relação, o que restaria de transferível da experiência? Não acredito que se possa simplesmente detectar "soluções transferíveis" e tratar de difundi-las. Acho mesmo que esse tipo de objetivo tem caracterizado uma atitude pouco produtiva em pesquisa didática, mas não se pode aqui aprofundar mais o tema, que merece entretanto toda a atenção crítica do pesquisador da matéria.

– Ao observar o comportamento didático (pedagógico) de alguns professores, talvez de muitos deles, tem-se a impressão de que ele reproduz quase que de maneira intocada a prática vivida por eles mesmos, enquanto alunos, sob a direção de algum professor que os marcou indelevelmente. Essa prática parece ter atravessado incólume não apenas o tempo decorrido, mas todas as investidas provindas de outros cursos por eles feitos, inclusive os de cunho especificamente pedagógico, como os da licenciatura, por exemplo. Ao observá-los agora, em suas classes, parece que, como professores, eles se mantêm fiéis aos modelos que mais os impressionaram em sua juventude. Seria interessante pesquisar até que ponto isso ocorre na realidade escolar e como o fenômeno é visto pelos seus atores. Como eles se percebem no seu papel de professor, que razões apontam para explicar sua prática ligada a um modelo anterior, como se caracterizam esses professores, como avaliam sua própria formação pedagógica, que tipo de problemas consideram mais importantes em seu trabalho. Talvez a força inspiradora dos modelos extraídos do passado pessoal venha exatamente de sua ligação à experiência vivida. Isso pode sugerir pistas de reflexão sobre a prática na formação dos educadores. Essas e outras questões poderiam orientar interessantes pesquisas sobre a influência de modelos na prática educativa.

– Uma questão de discussão clássica em didática é a dos objetivos educacionais (instrucionais). Depois de uma fulgurante aparição no cenário educativo, sobretudo no americano, eles viveram um curto reinado e entraram francamente em declínio. Nem mesmo nos Estados Unidos eles chegaram a ter o alcance apregoado pelos seus defensores. Eu própria, quando em estágio na Flórida State University, em 1972, presenciei o Professor Robert Gagné, em uma aula, fazer uma rápida enquete, entre os alunos presentes, sobre quantos teriam realmente presenciado em suas escolas a efetiva implantação de objetivos instrucionais. A maioria da classe se compunha de americanos, embora houvesse alguns estrangeiros, como eu. Pois a resposta foi imediata: nem 10% dos presentes tinham realmente trabalhado em escolas onde o uso daqueles objetivos fosse prática corrente. Com sua sabedoria e senso de realidade Gagné estava assim respondendo a uma aluna estrangeira, que se queixara da falta de aplicação dos objetivos "em nossos países subdesenvolvidos". Ele demonstrou cabalmente que mesmo em sistemas educacionais com maiores recursos ela não se dava, dadas as dificuldades a ela inerentes. Vários outros educadores americanos, já naquela época ou antes até, se questionavam sobre a validade do uso maciço dos objetivos instrucionais. Um deles foi o próprio Eisner, cujo artigo "educational objectives, Help or hindrance?", se tornaria muito difundido e discutido, também entre educadores brasileiros. Por que não deram certo os objetivos instrucionais? Esta questão não parece estar inteiramente respondida e encontrou eco nas discussões do seminário. Certamente há sobre ela muita pesquisa interessante a ser feita ainda.

– O acompanhamento de abordagens alternativas de ensino se constitui certamente numa das aplicações mais úteis da pesquisa em didática. Não é preciso que essas alternativas representem algo necessariamente novo. Elas podem até ter sido já experimentadas em outro contexto, ou em outra época. O importante é que se encare a experiência com uma atitude verdadeiramente de pesquisa, observando-a como um ensaio do qual se quer conhecer os fatores determinantes e as consequências resultantes. Para essa finalidade seria conveniente que os ensaios observados fossem de dimensões modestas, de maneira a garantir a exequibilidade do estudo, ainda que feito com pequenos recursos. O registro, análise e interpretação do evento, mesmo feitos pelos próprios agentes da experiência, irão permitir melhor compreensão dos fatores possivelmente influentes em seu sucesso ou fracasso. Isso permitirá também a comunicação da experiência, que irá se beneficiar da crítica de outros educadores e servirá por sua vez de estímulo sugestivo de outras tentativas. Acho que um dos fatores básicos do fraco desenvolvimento da pesquisa em didática é justamente a falta de registro adequado e sistemático dos sucessos e fracassos nesse campo.

– Para finalizar eu gostaria de enfocar uma questão de fundo, abordada de diversos ângulos, durante as discussões do seminário e que representa talvez o problema de maior porte a ser enfrentado pelos especialistas da área. Ele pode ser resumido na seguinte pergunta: qual é o conhecimento específico que se tem acumulado em didática? Ou, para usar a expressão de uma das participantes: "o que sabemos em didática?" Esta questão suscita imediata discussão sobre a própria construção do conhecimento em didática: "Como partir do familiar ao axiomático", perguntava um outro participante do seminário. Para esse questionamento básico a resposta mais adequada parece-me sem dúvida ser fornecida pela pesquisa. Ela é o instrumento por excelência na construção do conhecimento estabelecido, não só em didática, mas em qualquer disciplina de investigação científica. O uso de recursos metodológicos mais variados, como foi mencionado na primeira parte deste texto, deverá permitir à pesquisa em didática uma evolução mais ágil, no sentido de captar adequadamente os elementos que deverão compor o conhecimento acumulado na matéria. Uma maior flexibilidade metodológica aliada à disciplina necessária ao exercício da pesquisa garantirá uma atitude aberta diante do que merece registro e exame cuidadoso. A comunicação do conhecimento adquirido à comunidade científica, através de seminários, ou da publicação em periódicos, vai estabelecer a corrente necessária para impulsionar o desenvolvimento da matéria. A crítica séria e sistemática se encarregará de depurar paulatinamente o material revelado, decantando o essencial dos modismos passageiros. Reuniões como esta, deste seminário, são importantes ocasiões para discussão e balanço da situação geral da disciplina, mas está se fazendo urgentemente necessário um estudo abrangente, de fôlego, que se proponha a fazer a análise do "estado da arte" na matéria. Ele poderia vir a ser um marco histórico na sua evolução no país.

– Como corolário do parágrafo anterior não posso deixar de registrar rapidamente o papel da pesquisa sobre o próprio ensino da didática. Uma vez enfrentada a questão da contribuição teórica da disciplina se deveriam também investigar os modos como ela vem sendo e poderia ser ensinada.

Essas foram algumas das sugestões de pesquisas que afloraram das discussões do seminário. Outras muitas não puderam sequer ser registradas, mas aguardam como estas a nossa reflexão. O veio me parece fértil e pouco explorado.

Referências bibliográficas

BALZAN, Newton Cesar. Supervisão e didática. In: *V Encontro Nacional de Supervisores de Educação*. Rio de Janeiro: Asseerj, 1982.

BRANDÃO, ZAIA e outros. *O Estado de Conhecimento sobre Evasão e Repetência no Ensino de 1º Grau no Brasil* (1971-1981) – versão preliminar, MEC-Inep, 1982.

EISNER, Elliot W. *The Educational Imagination*. Nova York: Macmillan, 1979.

GAGE, N.L. *The Scientific Basis of the Art of Teaching*. Nova York: Teachers College Press, 1978.

GAGE, N.L. (ed.). *Handbook of Research on Teaching*. Chicago: Rand McNally, 1963.

GOUVEIA, Aparecida Joly. A Pesquisa Educacional no Brasil. In: *Cadernos de Pesquisa* n. 1. São Paulo: Fundação Carlos Chagas, 1971.

MELLO, Guiomar Namo de. *Magistério de 1º Grau* – Da competência técnica ao compromisso político. São Paulo: Cortez, 1982.

THORNDIKE, Edward L. The Contribution of Psychology to Education. In: *Journal of Educational Psychology* n. 1, 1910.

A pesquisa em didática
Realidades e propostas

NEWTON CESAR BALZAN
UNICAMP

I. Introdução

Sem a Didática e sem as demais disciplinas pedagógicas, como entender a formação do profissional que vai atuar junto ao enorme contingente populacional que se dirige às nossas escolas de 1º e 2º graus? Parece ser esta a expressão clara de um consenso geral, manifestado tanto pelo próprio professorado, como pelos leigos, em geral. No entanto, também faz parte do consenso geral o conceito dos cursos de Licenciatura como "cursos desligados da realidade, que, além de a nada conduzirem, frustram a maior parte dos candidatos a educadores". "Mero cumprimento de rituais acadêmico-burocrático", "cursos de perfumaria", são outros rótulos, com os quais já nos habituamos a conviver.

Por que isto? Terá que ser obrigatoriamente assim? Qual o elo – se é que existe – que estaria ligando as expectativas, quase sempre frustradas, de nossos licenciados, dos profissionais que atuam junto à rede e de nossos jovens alunos de 1º e 2º graus? O que vem acontecendo de fato? É possível fazer-se algo de concreto para alterar substancialmente o atual panorama das Licenciaturas? Como fazer, a fim de que este "fazer" não redunde em mero ativismo a serviço da manutenção do atual estado de coisas? Quais os pontos que terão de ser atacados de imediato, se quisermos, de fato, sair da encruzilhada em que nos metemos? O que se espera da Didática neste contexto? De que maneira a pesquisa educacional pode contribuir para a busca de novas alternativas para nossos cursos de Licenciatura e, consequentemente, para a Didática?

Através do presente trabalho pretendo contribuir de alguma forma na busca de alternativas para estes problemas. Não pretendo apresentar a solução e muito menos apontar o caminho para a superação do atual estado de coisas. Pretendo, isto sim, somar esforços junto aos demais profissionais aqui reunidos, na busca de soluções para estes mesmos problemas. Meu interesse em apresentá-lo se fundamenta na esperança de que as saídas são possíveis e estão ao nosso alcance. Tenho certeza, porém, de que as mesmas exigem maturidade por parte dos educadores, o que pressupõe a necessidade de se ultrapassar toda uma série de obstáculos que, se não fomos nós que criamos, temos ajudado a manter: modismos e jargões de toda sorte, visão ingênua sobre os problemas educacionais – desvinculados de problemática político-econômico-social – e, acima de tudo, descompromisso para com a própria Educação.

II. O quadro atual

Valeria a pena escrever, mais uma vez, sobre as mazelas de nossos cursos de Licenciatura? Valeria a pena citar uma série de pesquisas para provar estatisticamente que as coisas não vão bem?

Acho que não. No entanto, gostaria de evidenciar alguns pontos que me parecem fundamentais e que ajuda a responder às primeiras das perguntas apresentadas mais acima. Vou relacioná-los, limitando-me a comentários bastante singelos a respeito. Que a cada um de nós reflita sobre os mesmos e que tire suas próprias conclusões. Talvez contribuam para nos incomodar um pouco mais, aguçando nosso inconformismo. Se isto acontecer, será altamente positivo.

1. O aluno de 2º grau e a Didática

> "Uma boa aula, para mim, é aquela bem explicada, em que o professor usa debates."

"Uma aula ideal se dá quando a explicação é clara, dando tempo para a gente acompanhar."

"Eu considero uma boa aula aquela em que o professor e o aluno participam conjuntamente das explicações."

"Bem explicada; bem elaborada, bem dirigida; discutida."

(Respostas de alunos de 1ª série do 2º grau, período noturno, à questão: "Como é uma aula ideal para você?") [1]

"Aula ruim é uma sala onde o professor fala, fala, fala e os alunos não entendem nada."

"É toda aquela em que só o professor participa da aula, esquecendo que tem mais gente dentro da classe."

"...essa do professor encher o quadro de matéria, explicar e tchau."

"É aquela em que o professor, em meio à explicação, corta com uma piadinha, fazendo com que mude o sentido da aula."

(Respostas coletadas junto ao mesmo grupo, a partir da questão: Como é uma aula ruim para você?)

Embora as respostas acima sejam apenas parte de um estudo de caso, elas sugerem que nossos alunos de 2º grau estão a exigir muito menos de seus professores do que aquilo que poderíamos supor, à primeira vista. É importante assinalar, sob este aspecto, que, de todo o conjunto de respostas coletadas, não havia uma só referência a alterações no processo de ensino, que implicassem dotações de recursos para a aquisição de equipamentos sofisticados — "tapes", "videocassetes" etc. Pelo contrário, eles parecem solicitar apenas o mínimo: "Expliquem melhor os conteúdos".

---

1. Esta questão, ao lado de outras dez, compõe um questionário aplicado junto a 30% dos alunos que no final do ano letivo de 1981 frequentavam as primeiras séries noturnas do 2º grau de uma escola pública do interior de São Paulo. Elaborado com o objetivo de se conhecer suas opiniões sobre o ensino que lhe fora oferecido, o instrumento envolvia os seguintes aspectos, além da concepção sobre metodologia de ensino: apreciação geral sobre o trabalho desenvolvido durante o ano; interesses sobre os conteúdos das diferentes disciplinas; fatores que interferem no rendimento; distribuição das diferentes em categorias, baseadas na área afetiva.

Em outros termos: "ofereçam-nos condições para que possamos compreender os significados de todos esses conteúdos".

Por que não lhes dar isso? O que nos impede de conceder este mínimo?

2. *As disciplinas pedagógicas nos cursos de Licenciatura*

2.1. A Didática

1. Na instrução programada o aluno é levado a aprender:

    a) em intervalos de tempo rígido;

    b) em horários especiais;

    c) segundo velocidades previsíveis pelo instrutor;

    d) segundo seu próprio ritmo de trabalho.

2. Através do Estudo Dirigido o aluno é:

    a) levado a respeitar certas operações mentais;

    b) provocado a realizar certas operações mentais;

    c) condicionado a realizar certos comportamentos;

    d) levado a memorizar com grande facilidade.

3. É condição indispensável para haver trabalho de grupo didático que:

    a) todos os participantes tenham objetivos comuns;

    b) todos possam discorrer livremente sobre seus problemas pessoais;

    c) não haja uma direção por parte do coordenador;

    d) todos os participantes entendam da dinâmica de grupo.

4. Uma das principais ideias da Escola Nova é a da atividade-por-que:

    a) o educando de hoje é muito ativo;

    b) toda atividade é educativa;

    c) o rápido desenvolvimento técnico exige do homem atual intensas atividades;

    d) a atividade espontânea e natural é condição para o desenvolvimento do educando.

Os itens acima foram extraídos de uma prova contendo 50 questões – do mesmo tipo – aplicadas a quase 1.000 alunos matriculados nos cursos de Licenciatura de uma das maiores universidades do país.

O que podemos esperar a partir daí? Poder-se-ia argumentar que se trata de parte de um processo de avaliação, sendo o mesmo, além disso, pouco representativo daquilo que se passa no curso como um todo. No entanto, não será exatamente ao proceder a avaliação de seus alunos que o professor se coloca como ele realmente é, na medida em que termina por explicitar de maneira bastante clara seus verdadeiros objetivos?

As questões acima revelam toda uma concepção de Educação e, consequentemente, daquilo que se entende por Didática. Dizem mais dos reais objetivos dos professores ligados a um programa de formação de docentes, que toda a listagem de objetivos educacionais e instrucionais que porventura constem de seus planos de cursos. Aqui – no avaliar seus alunos – ele se desnuda, às vezes se trai...

O que se pode esperar a partir daí? Que nossos futuros professores venham responder às expectativas de seus jovens alunos de 1º e 2º graus?

2.2. Outras disciplinas

Estrutura e funcionamento de 1º e 2º graus

1. Dar o objetivo geral de ensino de 1º e 2º graus.
2. Que diz o artigo 25 da LDB?
3. Na LDB a educação do grau médio destina-se a quê?

Obs.: Seguem-se mais duas questões do mesmo tipo.

Psicologia educacional

1. A escola tradicional recorre a .... do aluno quando não possui material ....
2. A primeira tarefa de educação consiste em desenvolver o ....
3. O esquema atomístico, onde os elementos são agregados e relacionados, é uma das falhas do ....

4. O estudante, desde o início, deve participar de uma busca de .... para problemas novos, ainda não resolvidos, sob pena de não compreender uma .... já constituída.

5. Os processos audiovisuais conduzem o aluno a um verbalismo de ....

Obs.: Seguem-se outras 25 questões do mesmo tipo.

Respostas

1. Imagem.
2. Formal.
3. Autonomia intelectual e moral
4. Ensino tradicional.
5. Raciocínio.
6. Imaginação-concreto.
7. Ideias-experiência sensível.
8. Programação-capacidade.
9. Soluções-ciência.
10. Qualitativas-infraestrutura.

Obs.: A seleção dos "itens de respostas" segue até 30.

As questões acima foram aplicadas a quase uma centena de alunos matriculados no Curso de Pedagogia de uma instituição particular do Centro-Sul do país.

Haverá alguma esperança, a partir daí, de que os alunos nela matriculados estejam se capacitando para atuar junto às crianças e jovens de 1° e 2° graus, de maneira a contribuir para o desenvolvimento de sua inteligência? Que saibam estimular o desenvolvimento do espírito crítico? Que se "capacitem a responder às reais aspirações da comunidade em relação à educação de seus filhos?

Como pretender que nossos futuros educadores trabalhem na direção desses objetivos, se são medidos – eu não ousaria dizer avaliados – exclusivamente em função do mais baixo grau de suas habilidades e capacidades intelectuais e, além disso, de aspectos irrelevantes?

3. O Licenciamento e a Licenciatura

"O que me pareceu muito negativo é que não existe um curso de Licenciatura. Existem matérias isoladas que nos dão os créditos para podermos dar aula." [...] "Acho que deveria haver uma unidade que contribuísse para a formação do aluno." [...] "Se por um lado os professores pregam maneiras inovadoras de enfrentar a realidade, por outro eles se utilizam de métodos tradicionais e comprovadamente superados. A experiência de ensino deveria começar conosco, *aqui*, nos cursos de Licenciatura e partir de nós, para podermos enfrentar, ou, pelo menos, já ter tido uma experiência neste sentido" (De um licenciando em Biologia).

"...não havia uma visão prática do que era estudado. Restringia-se a teorias" (Licenciando em Matemática).

"Os cursos devem estar mais intimamente voltados para a realidade do ensino nacional, pois existe uma diferença muito grande entre ser *educador de gabinete* e ser educador que vive diariamente no próprio meio em que se verifica a educação" (Licenciando em Ciências Sociais).

"Acredito ser absolutamente necessário que o planejamento se faça em conjunto, tanto em nível da Faculdade de Educação como entre esta e os institutos e faculdades que oferecem as disciplinas específicas" (Aluno de Licenciatura – Física).

(Respostas coletadas junto a alguns dos concluintes de Licenciatura a partir de questionário que lhes foi encaminhado por ocasião do encerramento do curso.)[2]

As afirmações acima certamente explicitam o óbvio, isto é, aquilo que se passa na maior parte de nossos cursos de Licenciatura. No entanto, o que nos leva a não atender a este mínimo que os

---

2. Veja-se, a propósito, de: Newton C. Balzan e James P. Maher, "Relações de reciprocidade entre avaliação e desenvolvimento profissional dos educadores", trabalho apresentado sob a forma de conferência por ocasião do Simpósio *A utilização da avaliação educacional para incrementar as oportunidades educacionais*". Fundação Carlos Chagas e Internacional Association for Education Assessement. São Paulo, nov. 1978.

licenciandos vêm solicitando? Por acaso haverá ainda, dentre nós, quem aceite manter a mesma situação que as opiniões acima parecem denunciar?

4. O professor de 1º e 2º graus diante de sua própria realidade

"O que eu sei de planejamento resume-se àquilo que é feito no colégio em que leciono: no início de cada ano, pega-se o planejamento do ano anterior e copia-se; ou então os professores, em conjunto, adotam um livro e, a partir do índice do mesmo, fazem uma previsão de quando vai ser dada cada unidade" (Extraído do relatório de uma professora de Química de escola pública de 2º grau)[3].

"Perguntei certa vez a alunos de segunda série do 2º grau qual era a visão que tinham de uma célula. Para minha surpresa, célula para eles era uma estrutura plana e não tridimensional, totalmente estática, decorrência dos esquemas que aparecem nos livros didáticos, mostrando-a sempre plana, muitas vezes em cortes, sem que isto seja explicitado no texto". [...] "Milhares de nomes de estruturas são lançadas no cérebro do aluno, sem nenhuma finalidade, sem nenhuma inter-relação. Constituem caso típico os alunos programados dos 'cursinhos', prontos para serem aprovados nos exames vestibulares, que cobram o nome de inúmeras estruturas e detalhes ínfimos da vida particular de uma ameba, por exemplo" (Do relatório de uma professora de Biologia)[4].

"Ao longo dos 8 anos de 1º grau estes alunos terão ouvido e repetido centenas de vezes coisas do tipo: temos dois trópicos – o Trópico de Capricórnio e o Trópico de Câncer, cada um deles distando 23º27' do Equador" [...] "temos dois Círculos Pola-

---

3. Trata-se de um exemplo, dentre os inúmeros apresentados por ocasião do início do Curso "Problemas de Metodologia do Ensino", dos Programas de pós-graduação em Educação – Concentração em Metodologia do Ensino da Fac. de Educação da Universidade Estadual de Campinas (Unicamp). Campinas, 1980.

4. Veja-se observação anterior.

res..." [...] ... "a linha do Equador divide a Terra em dois hemisférios, o setentrional e o meridional", etc., etc. No entanto, são incapazes de aplicar corretamente tais noções, localizando uma determinada área geográfica no mapa. O termo 'hemisfério' apresenta para eles vários significados, todos bastante distantes do real. E quando procurei explicar que a palavra 'hemi' – metade – mais 'esfera' – globo – minha surpresa aumentou mais ainda, pois o termo esfera era simplesmente desconhecido por parte do grupo com o qual eu trabalhava" (*Relato de um professor de Geografia*)[5].

Os extratos acima talvez não sejam representativos da imensa massa de profissionais em atividades junto às escolas de 1° e 2° graus, mais sim de uma parcela mais atuante, mais crítica, mais sensível àquilo que vem ocorrendo com a educação em nosso país. No entanto, certamente revelam o estado de espírito reinante em nosso magistério que, diante do atual panorama de crise por que passa a educação, se vê aturdido, sem saber o que fazer.

Como esperar que fosse diferente, se, como estamos tentando explicitar, o círculo vicioso – má qualidade dos cursos de Licenciatura/expectativas frustradas dos alunos de 1° e 2° graus/insatisfação dos profissionais da Educação – praticamente se fecha, sem deixar outra alternativa senão suas próprias contradições?

Evidentemente, nem tudo é assim. Há exceções e mais exceções. Há inúmeros exemplos de trabalhos de boa qualidade sendo realizados em pontos os mais distantes e, muitas vezes, sob condições as mais diversas. No entanto, os tópicos acima provavelmente constituem uma amostragem bastante significativa da realidade vigente.

Importa assinalar, porém, que aquilo que ocorre nas Licenciaturas não constitui exceção dentro do processo educacional como um todo. Há uma crise geral, convém lembrar, que vem no bojo

---

5. Relato apresentado por ocasião da introdução ao Curso "Estratégias e Práticas de Ensino", dos Programas de pós-graduação já citados.

da própria era de mudança pela qual estamos passando e que coloca inúmeros problemas aos educadores, muitos dos quais precisam ser enfrentados pela primeira vez. De modo geral, o profissional formado pelas escolas, em seus vários níveis e ramos de especialização – e não somente no caso das Licenciaturas – vem sendo rejeitado pelas instituições empregatícias, que não poupam críticas à má qualidade do produto oferecido pela primeira.

No entanto, como o objetivo do presente trabalho é discutir os problemas relativos à formação do profissional da Educação, especificamente os problemas da Didática – por isso e somente por isso – os comentários aqui apresentados serão bastante severos em relação aos nossos próprios cursos e especialistas. Tenhamos esta observação sempre presente, portanto, ao longo deste trabalho. Ela dará a verdadeira medida das coisas.

Como proceder a fim de que possamos sair deste emaranhado?

Parece-me que qualquer tentativa, seja ela realizada através de minirreformas, seja através de "grandes projetos", estará fadada ao fracasso, a não ser que nos disponhamos a responder com coragem, maturidade e seriedade a determinadas questões que ora nos são apresentadas, tendo em vista a formação desse profissional. Dispor-se a isto implica, num primeiro plano, correr o risco de não se encontrar, de imediato, as melhores respostas. No entanto, independentemente dos resultados, sempre terá havido um comprometimento com a educação de nossa gente.

Vejamos, a seguir, algumas dessas questões e suas decorrências em termos de Didática e de pesquisa aplicada à Didática.

III. Questões de didática/questões de educação

1. Evidentemente, qualquer solução que pretenda se restringir aos problemas educacionais estaria fadada ao fracasso, diante de um quadro onde os aspectos políticos, econômicos e sociais antecedem, permeiam e ao mesmo tempo refletem o aspecto educacional.

Nossos problemas são sentidos em salas de aula, mas suas soluções não podem ser pensadas exclusivamente a este nível, não podem ser circunscritas ao processo de ensino e aprendizagem e nem mesmo ser passíveis de solução, se entendidas no âmbito exclusivo da área educacional. Trata-se de um paradoxo: "nós os detectamos em nível de aula e é principalmente aqui, em sala de aula, que podemos agir. Porém nossa ação somente terá sentido se entendermos que eles não estão exatamente aqui". *Aprender este paradoxo* me parece ser a condição primeira para a superação do atual estado de coisas.

Que significado tem isto para a Didática e para as demais disciplinas de Licenciatura?

Permite-nos superar duas posições errôneas e, portanto, igualmente indesejável:

a) de termos a pretensão de poder, através da Didática, capacitar nossos alunos a resolverem os problemas da Educação brasileira. Trata-se de uma posição que se explicita principalmente através de *Didática como receituário*. Sob esta perspectiva, caberia ao professor de Didática dar todas as fórmulas para que o futuro professor as aplicasse na sua vida profissional. Esta ideia se fundamenta no "pedagogismo ingênuo", tendência segundo a qual a escola tem o poder de mudar a sociedade, bastando, para isto, bons professores. Quando se atribui ao conceito de bons professores o significado de "professores bem treinados", tem-se a própria degeneração desta tendência;

b) de cairmos em seu extremo oposto, ou seja, não nos comprometermos na formação do futuro profissional, sob a desculpa de que *nada é possível fazer*, já que os problemas são de origem social, política, etc. Trata-se de uma posição que leva os professores de Didática a iniciarem seus cursos com uma afirmação do tipo "Nós não estamos para ensinar ninguém a dar aulas". Ela decorre em parte de uma visão fechada sobre Educação, considerada exclusivamente como agência de reprodução das relações sociais vigentes na sociedade capitalista. Reflete uma espécie de reducionismo da chamada "Teoria da Reprodução" que, ao nível da universidade, vem criando uma atitude que lembra processo de autoflagelação. Esta posição conduz a comportamentos de esquiva perante qualquer compromisso com aquilo que poderíamos chamar de conteúdos específicos da Didática e das demais disciplinas pedagógicas. Fica-se na área das discussões de conteúdos políticos e sociais, deixando-se de se estabelecer as devidas relações com os aspectos pedagógicos.

Quando se tem presente que a Educação é parte de um contexto mais amplo – social, econômico, político e cultural – quando se vive este fato – o que significa, por exemplo, conhecer e sentir-se atingido pelas precárias condições de vida e de trabalho oferecidos aos trabalhadores em geral – inclusive o magistério – os conteúdos das disciplinas de Licenciatura ganham nova dimensão. Sem perder sua individualidade, adquirem maior abrangência e profundidade. Em termos concretos, isto implica trabalhar com esses conteúdos, tendo como base as diferentes situações intraescolares – sobre as quais os futuros docentes poderão atuar – conteúdos estes vistos sob a ótica da problemática social mais ampla, que se constitui como referencial permanente, ou como pano de fundo.

Didaticamente, isto significa, por exemplo, problematizar os conteúdos a partir de temas extraídos da realidade sociocultural. Eis alguns deles, a título de exemplo:

"De cada 1.000 crianças brasileiras que se matriculam na 1ª série do 1º grau, menos da metade cursa a 2ª série, menos de 300 terminam a 4ª série e pouco mais de 100 concluem o 1º grau. Como explicar este fato?"

"Como trabalhar junto a alunos que chegam defasados culturalmente ao 2º grau após 8 anos de escolaridade, de maneira a contribuir a fim de que eles possam superar as limitações acumuladas ao longo do processo anterior?"

"Como recuperar alunos que não dominam determinados conteúdos, considerados fundamentais, sem repetir os mesmos procedimentos que certamente terão impedido uma aprendizagem significativa?"

Temas deste tipo, além de servirem como elementos para a integração das várias disciplinas, podem conduzir a uma série de experiências que enriquecerão substancialmente os cursos de Licenciatura. Podem levar à observação do trabalho que vem sendo executado nas salas de aula da comunidade, senão da própria universidade, oferecendo condições favoráveis para a vinculação teoria e prática. Podem dar um novo sentido aos estágios. Tornam o processo de aprendizagem um desafio constante, na medida em que obrigatoriamente mobilizam a inteligência e a imaginação criadora de alunos e professores. Contribuem para a superação da dicotomia ensino x pesquisa, na medida em que se trata de temas prioritários de investigação por parte dos docentes que trabalham na formação de educadores.

2. A riqueza potencial de temas resultantes da problematização do real é enorme, já que as possibilidades daí decorrentes vão se desdobrando, indefinidamente. A principal delas, certamente, é garantir a condição necessária, embora não suficiente, que permita responder a uma segunda questão, praticamente embutida na primeira. Trata-se de *vivenciar em nossos cursos de Licenciatura — pelo menos na disciplina de Didática — uma situação de trabalho que temos aprendido a valorizar, embora sempre nos possa parecer ideal e distante demais:*

> "Professores e alunos pesquisando juntos, na busca de soluções para problemas novos e significativos, extraídos da realidade sociocultural."

Assim agindo, estaremos ultrapassando a esfera do "falar sobre" e começando a "fazer com". Em lugar de falar sobre o conceito de "Educação bancária", viver com nossos alunos, aqui e agora, uma situação da Educação não bancária.

Gostaria de dar um exemplo sobre como isto pode ser feito, tomando como referência um trabalho que vem sendo desenvolvido há 4 anos na Unicamp, junto aos cursos de Licenciatura.

> "Trata-se da experiência em Educação e Sociedade, disciplina que integra os conteúdos de Didática e Estrutura e Funcionamento do Ensino de 1º e 2º graus, considerados importantes para o aluno de Licenciatura, dando-lhes uma perspectiva mais ampla e profunda.
>
> Através dela pretende-se proporcionar ao aluno ingressante nos cursos de Licenciatura uma visão mais ampla sobre o processo educacional, de maneira que ele se conscientize sobre o significado do trabalho do educador no momento atual.
>
> Normalmente, parte-se da própria realidade educacional vigente nas escolas públicas de 1º e 2º graus, do município e

áreas vizinhas, através de uma unidade do tipo 'Investigando a realidade', cujos resultados, discutidos e analisados, constituem como que o 'fio condutor' dos conteúdos da unidade seguinte. Esta acaba gerando a necessidade de um retorno às escolas para a realização de novas observações, agora mais 'refinadas' e assim sucessivamente, até o término do semestre, quando tem lugar uma assembleia de síntese.

Os resultados obtidos até o presente momento têm se revelado bastante promissores, principalmente quando se considera que os mesmos têm atuado, como forças de pressão para a mudança nos procedimentos didáticos junto às disciplinas que se seguem a esta"[6].

3. Essas considerações apontam, já, para uma terceira questão, assim como para as condições que permitem sua superação. Trata-se de banir, definitivamente, dos cursos de Didática a situação conhecida como aula. *Nós simplesmente não podemos pretender "dar aulas de Didática" e, menos ainda, "dar aulas de Prática de Ensino".* É importante proferimos essas expressões em voz alta e sentirmos como soam mal: "DAR AULA DE DIDÁTICA"... "DAR AULA DE PRÁTICA DE ENSINO". Ou nós substituímos as aulas – no sentido strictu do termo de tal maneira que nossos alunos tenham condições de assim proceder mais tarde, ou pelo menos não nos assustemos quando uma turma de estagiários vier nos relatar que nossos ex-alunos estão dando longas e monótonas aulas expositivas em seus cursos.

Temos à nossa disposição todas as condições para realizar, aqui e agora, aquilo que Bruner propõe e que sempre tem-nos parecido não apenas simples, como correto: organizarmos as situações de ensino e aprendizagem de maneira tal que nossos alunos sejam como os profissionais deste campo costumam agir – como inquiridores, como investigadores. Por que haveremos de centrar nossas atividades em torno de conclusões extraídas de compêndios, às vezes tão gastos, em lugar de concentrarmo-nos

---

6. Informações detalhadas sobre este trabalho poderão ser obtidas a partir da leitura do texto "A disciplina 'Educação e Sociedade' na Faculdade de Educação da Unicamp: relato de uma experiência", de Lucila Schwantes Arouca, constante do próximo número de *Cadernos cedes* – Licenciaturas: questionando e buscando soluções". São Paulo: Cortez.

na própria investigação, se nosso campo – a Didática – é um campo de investigação intelectual? As palavras do próprio autor, certamente, serão mais marcantes: "ao estudar física, o aluno é um físico; e é mais fácil aprender física comportando-se como um físico, do que fazendo qualquer outra coisa"[7].

Basta, para tanto, que nos disponhamos a estudar com nossos alunos os problemas que com eles levantarmos. Como este fato pressupõe a seleção de textos adequados, importa compreender o significado da transposição desta situação – do estudo em lugar da "aula dada" – para o licenciando, que logo mais atuará nas classes de 1º e 2º graus. Aí, o material disponível se resume praticamente nos livros didáticos, geralmente de péssima qualidade. Elaborados de maneira a privilegiar os aspectos visuais – gráficos – em detrimento dos conteúdos, pobres quanto às informações fornecidas, esses livros vêm sempre acompanhados dos chamados "caderno de estudo dirigido", "exercícios" e/ou "partes práticas", que, de tão baixo nível, pouca ou nenhuma possibilidade real acabam deixando ao professor para realizar sessões efetivas de estudo.

O fato desse material ser largamente utilizado pelos professores[8] justifica o envolvimento do especialista em Didática a respei-

---

7. BRUNER, J.S. *O processo da Educação*. S. Paulo: Nacional, 1973, p. 13.

8. A importância do livro didático, dado seu uso intensivo junto aos alunos, vem sendo comprovada por uma série de pesquisas que envolvem áreas normalmente consideradas distantes entre si. Vejamos dois exemplos a respeito:

a) Eloisa de Matos Höfling, tendo entrevistado um grande número de professores de Estudos Sociais, conclui: "O livro didático vem ocupando um grande espaço no desempenho das atividades dos professores. De matéria de consulta do docente, atualmente tem definido o conteúdo de suas aulas, a metodologia usada nelas, e até mesmo a avaliação aplicada aos alunos. Prova disso é a porcentagem bastante alta (78,6%) de professores que adotam livro-texto com seus alunos, em contraposição aos 21,4% que não os adotam". "[...] grande parte dos professores (mais de 40%) usa o próprio livro-texto para preparar suas aulas; ou, quando não é exatamente o mesmo livro usado em classe, recorre a livros de nível equivalente ao que usa para lecionar". [...] "[...] 74,3% dos professores desenvolvem em suas aulas as mesmas atividades sugeridas pelo livro" (p. 71-72). Veja-se a propósito, da autora citada: *A concepção da cidadania veiculada em livros didáticos de Estudos Sociais no primeiro grau*. Campinas: Unicamp, 1981 [Tese de mestrado].

to. A qualidade do livro didático, bem como a elaboração de novos materiais, incluindo-se sua testagem, poderia se constituir numa 'linha de pesquisa' de importância fundamental. Longe de implicar procedimentos de análise calcados em modelos similares, poderiam conduzir à diversidade na busca de soluções.

4. Os tópicos anteriores apontam, já, para a necessidade de em nossos cursos atingirmos se não a integração plena, pelo menos o *tratamento não dicotomizado entre teoria e prática.*

Como os comentários anteriores cobrem esta área, prefiro me restringir à apresentação de um exemplo, sem pretender que o mesmo seja considerado ideal e passível de transposição para outras instituições.

A necessidade de uma revitalização dos cursos de Licenciatura, de molde a se evitar a compartimentalização entre as áreas de conteúdo específico e as de formação pedagógica, bem como a separação entre o conteúdo teórico e a "parte prática" das disciplinas chamadas pedagógicas, conduziu a uma experiência que vem sendo realizada na Unicamp e que visa a formação de professores de Matemática para as escolas de 1º e 2º graus através da participação conjunta de professores e alunos de todo o trabalho, bem como da integração entre docentes de duas unidades da universidade: a Faculdade de Educação e o Instituto de Matemática e Ciências da Computação.

O curso é desenvolvido através de *projetos de ensino* elaborados, executados e avaliados sob a orientação de um grupo interdisciplinar de professores, cada um dos quais colabora com os as-

---

b) Décio Pacheco, ao proceder à análise dos exercícios propostos nos livros de Física adotados nas escolas de segundo grau, entrevistou 43 dos 48 professores que em 1978 lecionavam esta disciplina no município de Campinas, SP. Concluiu que 79% dos professores adotou livro didático no período 1976-1978. "Isto pode nos indicar que o livro didático, como instrumento de trabalho do professor e como fonte de consulta para seus alunos, torna-se material relevante para o estudo de alguns aspectos relativos ao ensino de Física que vem desenvolvendo nas salas de aulas das escolas de segundo grau de Campinas" (p. 66). Para maiores esclarecimentos, veja-se do autor citado: *Análise dos exercícios propostos nos livros didáticos de Física adotados nas escolas de segundo grau de Campinas.* Campinas: Unicamp, 1979 [Tese de mestrado].

pectos relevantes de sua área para a viabilização dos mesmos, garantindo desta forma a realização de um currículo integrado. Em lugar das "aulas" de Psicologia Educacional, de Didática e Estrutura e Funcionamento do Ensino de 1º e 2º graus, os conteúdos dessas disciplinas são assimilados pelos alunos na medida em que desenvolvem seus projetos de ensino, cuja complexidade aumenta gradativamente ao longo do curso de graduação.

Trata-se de experiência bastante recente, cujos resultados precisam ser avaliados antes que se possa ajuizar sobre sua validade ou não, tendo em vista a formação de um profissional melhor capacitado para o desempenho das atividades docentes. No entanto, o trabalho desenvolvido até o presente momento tem se revelado promissor, principalmente quando se tem presentes as enormes barreiras que tem sido necessário transpor. Essas dizem respeito não apenas aos próprios professores – cujos conteúdos (para falar apenas dos conteúdos) passam a ser trabalhados segundo formas de abordagens e ordenação totalmente distintas do tradicional – como também aos próprios alunos, por vezes saudosos das aulas expositivas, preferindo situações prontas e acabadas e pouco dispostos a assumirem seus próprios projetos.[9]

5. Ao desenvolvermos nossos cursos de Didática, não temos certeza alguma sobre o tipo de realidade que nosso licenciado enfrentará a seguir. Ele tanto poderá atuar numa escola frequentada por alunos oriundos de um meio social elevado, como junto a uma instituição com predominância de população carente sob todos os aspectos. Dada a complexidade inerente à própria sociedade, é provável que o futuro docente venha a atuar num mesmo dia em realidades extremamente diferenciadas.

Se este fato, por um lado, torna sem sentido a pretensão de darmos todas as soluções aos nossos alunos, por outro lado ele não nos libera da responsabilidade de prepararmos nosso licenciando de maneira tal que ele se capacite a transitar com desembaraço de um meio escolar para outro.

---

9. Veja-se de Afira Vianna Ripper e Maria Lúcia R.D. Carvalho: *Nova maneira de formar professores de matemática*. In: *Cadernos Cedes* – "Licenciaturas: questionando e buscando soluções". São Paulo: Cortez.

Ora, isto não é simples de ser alcançado, na medida em que implica uma série de condições prévias, algumas das quais aparentemente opostas e, no entanto, mutuamente inclusivas. A título de exemplo: planejar sua ação em função de cada uma das realidades encontradas e preparar-se para agir de modo a manter a unidade em relação a determinados princípios, qualquer que seja o meio em que vá atuar. Exige condições que nos remete de volta ao primeiro item aqui exposto: identificar problemas e limitações inerentes às diferentes origens sociais dos alunos, em situação de sala de aula.

A desvinculação entre a universidade – o professor de Didática é parte dela... – e este quadro real e extremamente variado torna muito difícil o atendimento a este objetivo. Sua superação poderia ser obtida através do desenvolvimento de Projetos de Pesquisa não convencionais: a "pesquisa em ação"[10] e a "pesquisação"[11], por exemplo.

---

10. A "Pesquisa em Ação", embora prescindindo do rigor científico que caracteriza a "Pesquisa Educacional Formal", da qual difere quanto aos objetivos e consequentemente quanto aos procedimentos utilizados pelo pesquisador, quando bem conduzida pode levar a resultados bastante úteis à prática educativa. Com efeito, se por um lado, a partir de seus resultados, não se pode chegar a "grandes generalizações" e nem tampouco a novos pressupostos ao quadro de referências teórico-educacional, as conclusões que dela resultam permitem ultrapassar largamente o domínio dos julgamentos subjetivos das opiniões, do senso comum, enfim. Para informações detalhadas sobre este tema, inclusive dados exaustivos sobre ambos os "modelos de pesquisa", consultar o trabalho de Ana Maria Saul: *Modelo de pesquisa em ação aplicado ao treinamento de professores*. S. Paulo: PUC/SP, 1971 [Tese de mestrado].

Veja-se ainda de Stephen M. Corey, *Actions Research to improve school practice*, Teachers College, Nova Iorque: Columbia Univ. Press, 1953, cap. VIII; de Hilda Taba e Elizabeth Noel, *Action Research*: a case study. Washington: Association for Supervision Curriculum Development, 1957; de Walter Borg, *Educational research, an introduction*. Nova Iorque: David McKay, 1967.

11. São de origem bastante recente os trabalhos desenvolvidos a partir da "Pesquisa Ação", bem como os estudos relativos aos seus pressupostos teóricos. Um exemplo interessante de aplicação dos seus princípios a uma dada realidade, bem como ampla bibliografia a respeito, poderão ser obtidos a partir da leitura do trabalho "O ensino obrigatório e as crianças fora da escola: um estudo da população de 7 a 14 anos excluída da escola, na cidade de S. Paulo", coordenado por Maria M. Malta Campos e realizado através do Departamento de Pesquisas Educacionais da *Fundação Carlos Chagas* em 1981. Cumpre destacar que se trata, no caso, de um subprojeto intitulado "Educação e desenvolvimento social", desenvolvido através da Fundação já citada.

Gostaria de fornecer um exemplo a respeito, que pode ser bastante esclarecedor. Nele estão presentes os "grandes objetivos" das universidades, em geral – docência, pesquisa e extensão. Através dele as experiências dos alunos de Licenciatura cobriram um número bastante diversificação de situações, de maneira a capacitá-los para agir junto à clientela dos mais variados níveis. Ao realizá-lo, docência e pesquisa estiveram sempre integrados, esta sob a forma de pesquisação.

Trata-se de uma experiência de ensino, realizada pela Prof. Thaís Leiroz Codenotti, de zoologia, junto a alunos de Licenciatura em Ciências Biológicas da Universidade de Passo Fundo, RS, em situação bastante atípica: o período letivo tem lugar nos meses normalmente dedicados às férias – jan., fev. e julho – e a clientela procede de 40 diferentes municípios, localizados nos três estados da Região Sul do país.

Junto aos alunos de Licenciatura – 66, ao todo – com os quais são desenvolvidos conteúdos específicos de zoologia, é elaborado um "Projeto de Ensino para a área de Ciências ao nível de 1º grau", que prevê a ação dos licenciados junto aos seus próprios alunos de 6ª série, localizados em 35 municípios do Rio Grande do Sul, 3 municípios de Santa Catarina e 2 do Paraná.

Esta ação se faz sentir não apenas no desenvolvimento do conteúdo de Ciências junto àquela série – Zoologia – realizado a partir do modelo de "Currículo em Espiral", de J. Bruner, mas numa série de outras atividades: levantamento de dados, visitas às famílias e palestras, tendo como referência o tema

---

Os trabalhos desenvolvidos por Victor D. Bonilla e outros (*Causa popular, ciência popular*: una metodologia del conocimiento científico através de la acción, Bogotá: La Rosca, 1972), por Orlando F. Borda (Investigating reality in order to transform it: Colombian Experience. In: *Dialectical Anthropology*, 4 (1), março 79) e por Michel J. Thiollent (*Crítica metodológica, investigação social e enquête operária*. S. Paulo: Polis, 1980), poderão trazer subsídios bastante úteis e respeito.

Veja-se, também, uma série de artigos sobre "Pesquisa Ação" constantes da "Revue Internationale d'Action Communautaire", Montreal, Forum International d'Action Communautaire, 5/45, Printemps, 1981.

"Higiene e saúde", sob os aspectos "ação e atendimento", desenvolvidos primeiro junto às escolas e a seguir sem solução de continuidade, junto às populações aí instaladas, especialmente junto às camadas mais carentes. A ação vai tendo um desdobramento extremamente rico, envolvendo, então, não apenas os licenciandos do primeiro momento, mais 1.710 alunos de 1º grau, vários diretores e supervisores de escolas de 1º e 2º graus e 2 Secretarias Municipais de Educação. O espaço social atingido abrange 52 bairros periféricos, uma reserva indígena e 4 bairros rurais, envolvendo ao todo 863 famílias.

A análise dos resultados, realizada a partir da "Avaliação Iluminativa", veio demonstrar que o engajamento do licenciando – em contato com a realidade, isto é, questionando, ouvindo, discutindo problemas, planejamento sua ação e buscando as causas mais profundas dos fenômenos observados – fez com que ele levantasse uma série de questões sobre a função social da escola no momento atual, terminando por contribuir na formação de um profissional mais crítico e atuante.[12]

6. As observações anteriores põem em evidência uma sexta questão. Refere-se à necessidade de se realizar a *integração docência-pesquisa* ao se atuar em Didática, de maneira a se garantir condições a fim de que o futuro docente seja também um investigador.

O envolvimento do professor de Didática em Projetos de Pesquisa, quer sob as formas sugeridas nos itens anteriores, quer através de procedimentos que mais se aproximam dos modelos chamados formais, fornecem condições para que esta exigência seja atendida.

---

12. Informações detalhadas a respeito poderão ser obtidas mediante a consulta do trabalho da autora *Projeto de ensino de zoologia com extensão socioeducacional*. Campinas: Unicamp, 1979 [Tese de mestrado]. Sob a forma de resumo e com o título "Uma experiência de ensino no Rio Grande do Sul", o mesmo será publicado em Cadernos Cedes – "Licenciatura: questionamento e buscando soluções", já referido anteriormente.

Embora tenha sugerido, ao longo dos tópicos anteriores, algumas alternativas a respeito, gostaria de explicitar ainda os seguintes aspectos, cuja investigação requer nossa atenção imediata. Estudá-los significa não apenas nos dispormos a abrir novos caminhos para a didática, mas, sobretudo, não corrermos o risco de ficar a reboque do processo de mudança que vem ocorrendo nos demais setores de cultura.

6.1. Já não se aceita uma educação que dure apenas o tempo que o indivíduo frequenta a escola, impondo-se como necessário que ela se processe durante toda sua vida. Surge, assim, a necessidade da Educação Permanente, termo que significa muito mais que a atualização constante, que não implica "retorno periódico à escola" e que não pode ser entendido como algo que tem início no momento em que se encerra a educação escolarizada. A satisfação dessa exigência coloca outro problema que não pode ser ignorado pelo educador: a necessidade de *autoaprendizagem*, isto é, de encontrar formas a fim de que, frequentando a escola, o aluno adquira meios que o capacitem a aprender independentemente do professor. Ambos os conceitos estão intimamente associados e qualquer proposta de educação, no momento atual, que os ignore, falha por não levar em conta tendências que já podem ser observadas e que certamente serão dominantes num futuro próximo. Um problema, dentre outros, coloca-se de imediato aos educadores, de modo especial àqueles que atuam em Didática: ser a educação permanente não significa aumento dos anos de escolaridade e se a rapidez com que se operam as mudanças nos mais diversos campos da cultura torna rapidamente obsoletos os conhecimentos adquiridos, como planejar a educação, de maneira que, reduzindo-se, mesmo, o número de anos de escolaridade, assegure-se ao educando a capacidade de ele aprender de maneira a dirigir sua própria aprendizagem recorrendo aos mais diversos meios disponíveis? Estamos diante de proposições que vêm desafiando a capacidade dos profissionais da educação. Como resolver tais problemas? Como situar a pesquisa educacional neste contexto?

6.2 A moderna tecnologia, ao que parece, veio para ficar. Não constitui um fenômeno passageiro. Diante dos extraordinários recursos que ela coloca a serviço da Cultura de Massas, os procedimentos didáticos de que o professor normalmente dispõe, em sala de aula, tendem a perder, sempre: em brilho, em capacidade de motivação, etc.

No entanto, a mera incorporação da tecnologia à Educação, realizada frequentemente através da adoção, em sala de aula, dos recursos e procedimentos utilizados pelos meios de comunicação de massa, sem visão crítica a respeito, se configura apenas como mais um modismo, cujos resultados negativos são de fácil previsão. Por outro lado, ignorar esses recursos simplesmente pode se configurar como uma posição bastante conservadora, própria de quem prefere se manter à margem da própria cultura, com receio de contágios supostamente indesejáveis.

Os desafios que tal problema coloca aos especialistas em Didática dizem respeito à busca de novas alternativas, de maneira a *superar as limitações da Educação Formal no contexto atual*, sem incidir em qualquer das posições acima. Em termos operacionais, significa responder a perguntas do tipo: como utilizar dos recursos oferecidos pela Tecnologia para a integração do trabalho docente no contexto da Educação Informal? Como *redimensionar* os conhecimentos divulgados pelos meios de comunicação de massa, colocando-os a serviço da Educação?

O presente item e as questões nele contidas sugerem a necessidade de novos Projetos de Pesquisa, voltados predominantemente para a experimentação. Cuidemos, porém, para que não fiquemos simplesmente "rodando em falso", isto é, repetindo, através da aplicação junto a grupos experimentais e grupos de controle, temas e procedimentos, cujos resultados já sabemos de antemão que serão fatalmente favoráveis aos grupos experimentais.

IV. Conclusões

A exposição feita até aqui parece sugerir que se está esperando demais da Didática e, consequentemente, de seus especialistas. Este, aparentemente, deve ser um docente com uma série de predicados, deve ser um pesquisador, deve ser um sujeito consciente não somente da situação educacional, como também dos fenômenos sociais, políticos e econômicos, etc., etc.

Na verdade, porém, não se trata de somar uma série de qualidades e de arrolar competências. Se prestarmos bem atenção, veremos que há como que um núcleo, comum às questões levantadas e aos comentários subjacentes. Este núcleo poderia ser traduzido em termos de "uma Didática comprometida com seu povo e com seu tempo".

Seu povo que, ou está fora da escola – os 6.916.000 de brasileiros entre 7 e 14 anos de idade (e portanto na faixa de escolaridade obrigatória) que continuam analfabetos, ou os 58% de jovens paulistas de 15 a 19 anos que estão fora do sistema de educação regular – ou vêm, através da instituição escolar, recebendo uma educação que deixa muito a desejar quanto à qualidade. Seu tempo, tempo de mudança acelerada, de consumismo, de massificação, de modismos e outros "ismos".

Este comprometimento implica a consciência de nossas possibilidades e limites. Cumpre aceitar que o espaço do qual o profissional da Educação dispõe para atuar como agente de mudança é realmente pequeno. Mas este espaço existe e é isto que importa. É preciso aproveitá-lo integralmente, explorando todas as oportunidades, de modo a se marcar a presença através daquilo que a Didática de fato pode oferecer.

Se esta consciência nos tira a sensação de grandeza – falsa grandeza! – ela nos dá o senso de realidade e isto vale a pena.

Nossos alunos e professores querem saber como fazer as coisas: como elaborar seus planos de cursos, como realizar Estudos de Meio, como trabalhar em grupo de modo correto, como organizar sessões de estudo dirigido, etc. Querem até mesmo saber como "dar suas aulas".

Nós não temos o direito de lhes sonegar essas informações. Porém é preciso perguntar: continuaremos simplesmente a *falar sobre* essas coisas e assim, colocando-nos ao lado das forças que trabalham contra a Educação – a burocracia, a massificação, os manuais de péssima qualidade – ou estaremos, já, *pensando esses temas* e ajudando, desta forma, a inverter o sinal, isto é, dizendo sim à inteligência, à verdade, à consciência crítica, ao uso da razão?

Referências bibliográficas

BALZAN, N.C. & MAHER, J.P. "Relações de reciprocidade entre avaliação e desenvolvimento profissional dos educadores". Simpósio: *A utilização da avaliação educacional para incrementar as oportunidades educacionais*. Fundação Carlos Chagas e International Association for Education Assessment, São Paulo, nov. de 1978.

BONILLO, V.D. *Causa popular, ciência popular*: una metodologia del conocimiento científico a través de la acción. Bogotá: La Rosca, 1972.

BORDA, O.F. "Investigation reality in order to transform it: the Colombian Experience". In: *Dialectical Anthropology*, 4 (1), março/79.

BORG, W. *Educational research, an introduction*. Nova York: David McKay, 1967.

BRUNER, J.S. *O processo da Educação*. São Paulo: Nacional, 1973.

CODONOTTI, T.L. *Projeto de ensino de zoologia com extensão socioeducacional (Elaboração, aplicação e avaliação de experiência de ensino no Rio Grande do Sul)*. Campinas: Unicamp, 1979 [Tese de mestrado].

COREY, S.M. *Action research to improve school practice*. Teachers College, Nova York: Columbia Univ. Press, 1953.

FUNDAÇÃO Carlos Chagas. *Educação e desenvolvimento social*. Subprojeto: O ensino obrigatório e as crianças fora da escola: um estudo da população de 7 a 14 anos excluída da escola na cidade de São Paulo (Coord. CAMPOS, M.M.M.). São Paulo, 1981.

HÖFLING, E. de M. *A concepção de cidadania veiculada em livros didáticos de Estudos Sociais no primeiro grau*. Campinas: Unicamp, 1981 [Tese de mestrado].

PACHECO, D. *Análise dos exercícios propostos nos livros didáticos de Física adotados nas escolas de segundo grau de Campinas*. Campinas: Unicamp, 1979 [Tese de mestrado].

PETRUCI, M. das G.R.M. *Fatores que atuam na escolha de métodos e técnicas de ensino: um estudo em escolas de 1º grau na cidade de Franca.* Campinas: Unicamp, 1980 [Tese de mestrado].

SAUL, A.M. *Modelo de Pesquisa em ação aplicado ao treinamento de professores.* São Paulo: PUC/SP, 1971 [Tese de mestrado].

TABA, H. & NOEL, E. *Action research: a case study.* Washington: Association for Supervision Curriculum Development, 1957.

THIOLLENT, M.J. *Crítica metodológica, investigação social e enquete operária.* São Paulo: Polis, 1980.

VÁRIOS. *Revue International d'Action Communautaire.* Forum International d'Action Communautaire. 5/45. Montreal: Printemps, 1981.

_____. Licenciaturas: questionando e buscando soluções. In: *Cadernos Cedes*, São Paulo: Cortez.

DOCUMENTO FINAL

Rio, 19 de novembro de 1982

Este documento tem por objetivo apresentar as principais questões debatidas nas sessões plenárias sobre cada um dos temas apresentados no seminário. Não pretende ser uma síntese exaustiva, mas somente um registro dos principais temas discutidos e do tipo de encaminhamento dado a cada um deles.

Como o resumo relativo a cada um dos dias foi realizado de forma independente, alguns temas aparecem mais de uma vez. Preferimos manter esta formulação por acreditarmos corresponder melhor ao processo vivido.

Este documento foi analisado, debatido e aprovado na sessão plenária final do seminário.

Tema I

O papel da Didática na formação de educadores

NECESSIDADE DE CONTEXTUALIZAR A DIDÁTICA

1 – A problemática relativa ao ensino de didática não pode ser dissociada da questão da formação de educadores e esta, por sua vez, se articula com a análise do papel da educação na sociedade em que vivemos. Toda prática social é histórica e, neste sentido, se orienta para a dominação ou para a libertação. A educação, sendo uma prática social, está vinculada a um projeto histórico. É fundamentalmente a partir de uma visão contextualizada e historicizada da educação que podemos repensar a didática e ressituá-la em conexão com uma perspectiva de transformação social, com a construção de um novo modelo de sociedade.

PONTOS CRÍTICOS DO ENSINO DE DIDÁTICA

2 – O ensino de didática nos cursos de Licenciatura apresenta, no momento, os seguintes pontos críticos:

2.1. o seu conteúdo constitui um conjunto de informações fragmentárias;

2.2. apresenta desarticulação entre a teoria e a prática;

2.3. caracteriza-se pelo consumismo de teorias importadas;

2.4. apresenta uma perspectiva modernizadora em que o aperfeiçoamento dos meios é desvinculado da problemática do "para que" e do "porquê" da própria atividade educacional;

2.5. tem como pressuposto implícito a afirmação da neutralidade científica e técnica;

2.6. desenvolve-se sem articulação com as disciplinas relativas aos fundamentos da educação;

2.7. reduz-se ao aspecto instrumental à dimensão técnica da prática docente, dissociada das demais dimensões: daí o tecnicismo que a informa;

2.8. está pouco relacionada com a pesquisa na área.

ESPECIFICIDADE DA DIDÁTICA

3 – O papel da Didática na formação dos educadores não está, para muitos, adequadamente definido, o que gera indefinição do seu próprio conteúdo. Alguns têm a sensação de que, ao tentar superar uma visão meramente instrumental da Didática, esta se limita a suplementar conhecimentos de filosofia, sociologia, psicologia, etc., passando a ser "invadida" por diferentes campos do conhecimento e perdendo especificidade própria. Outros consideram que a Didática deve ser entendida como um "elo de tradução" dos conhecimentos produzidos pelas disciplinas de fundamentos da educação e a prática pedagógica. Trata-se de conhecimento de mediação, sendo portanto importante que se baseie nas diferentes disciplinas da área de fundamentos; sua especificidade é garantida pela preocupação com a compreensão do processo de ensino-aprendizagem e a busca de formas de intervenção na prática pedagógica. A Didática tem por objeto o "como fazer", a prática pedagógica, mas este só tem sentido quando articulada ao "para que fazer" e ao "por que fazer".

DIDÁTICA E MULTIDIMENSIONALIDADE DO PROCESSO DE ENSINO-APRENDIZAGEM

4 – O ensino de didática deve partir de uma visão de totalidade do processo de ensino-aprendizagem, de uma perspectiva multidimensional; as dimensões humana, técnica e político-social da prática pedagógica devem ser compreendidas e trabalhadas de forma articulada. Nesta linha, a competência técnica e a competência política do educador se exigem mutuamente e se interpenetram. Não é possível dissociar uma da outra. A dimensão técnica da prática pedagógica tem de ser pensada à luz do projeto político-social que a orienta.

MOMENTO DE REVISÃO DIDÁTICA

5 – A didática passa por um momento de revisão crítica. Tem-se a consciência da necessidade de superar uma visão meramente instrumental e pretensamente neutra do seu conteúdo. Trata-se de um momento de perplexidade, de denúncia e anúncio, de busca de caminhos que têm de ser construídos através de trabalho conjunto dos profissionais da área com os professores de primeiro e segundo graus. É pensando a prática pedagógica concreta articulada com a perspectiva de transformação social, que emergirá uma nova configuração para a didática. Neste sentido, a formação do professor de didática deve ser repensada.

Tema II

Pressupostos teóricos
do ensino de didática

Conclusões

RELAÇÃO ESCOLA E
SOCIEDADE

1 – O ensino da didática não pode ser dissociado da problemática da educação na sociedade e, mais especificamente, da questão das relações entre escola e sociedade. Em suas relações com a sociedade, a escola é mais determinada que determinante. Isto não significa afirmar que não exista um âmbito próprio da atuação da escola e do profissional da educação. Existe um espaço especificamente escolar que deve ser trabalhado sempre de forma articulada com o contexto histórico em que se situa.

SUPERAÇÃO DO
PRESSUPOSTO DA
NEUTRALIDADE

2 – O ensino da didática deve desmitificar o pressuposto da neutralidade de que, de fato, muitas vezes o tem informado.
A ciência não pode ser adequadamente compreendida tendo como referência exclusiva a sua coerência interna, mas deve levar em conta também o contexto histórico da produção científica e suas implicações. Sendo assim, o conhecimento científico e as técnicas que dele derivam têm sempre uma referência ético-social.

ARTICULAÇÃO ENTRE O PSICOPEDAGÓGICO E O SOCIOPOLÍTICO

3 – Nos últimos anos se pode detectar uma controvérsia entre os que enfatizam os fatores psicopedagógicos e os que enfatizam os determinantes sociopolíticos da educação. Qualquer dessas posições tomada isoladamente leva a uma compreensão reducionista do fenômeno educacional. A superação desta visão dicotomizada exige o repensar dos fatores internos da educação escolar em uma perspectiva contextualizada. É nesta linha que se deve orientar o ensino de didática.

COMPETÊNCIA TÉCNICA E DIMENSÃO POLÍTICA

4 – Para que o âmbito específico de atuação da escola seja trabalhado na perspectiva da transformação social é necessária a competência do profissional da educação. Esta competência tem várias dimensões. Uma delas é a técnica, que deve ser enfatizada pela didática. O impacto da didática na formação do profissional da educação diz respeito à produção de um saber e um fazer competentes. Esta competência técnica é uma condição necessária, se bem que não suficiente, para uma prática política consciente e transformadora.

RELAÇÃO TEORIA-PRÁTICA

5 – O ensino de didática durante muito tempo tem dado primazia ao estudo das diferentes teorias de ensino-aprendizagem, procurando ver as aplicações e implicações destas teorias na prática pedagógica. Este modo de fiscalizá-lo está informado por uma visão onde teoria e prática são momentos justapostos. É necessário rever esta postura: partir da prática pedagógica, procurando refletir e analisar as diferentes teorias em confronto com ela. Trata-se de trabalhar continuamente a relação teoria-prática procurando, inclusive, reconstruir a própria teoria a partir da prática.

PERSPECTIVA ABERTA E CRÍTICA

6 – O conteúdo da didática envolve diferentes abordagens do processo ensino-aprendizagem. É necessário superar uma visão eclética da apresentação dessas diversas abordagens, sem que os pressupostos e implicações de cada uma delas sejam analisados.

É importante que o aluno entre em contato com as diferentes aproximações do processo de ensino-aprendizagem e seja capaz de descobrir suas limitações e contribuições, bem como adquirir consciência de que nenhuma teoria esgota a complexidade do real e que o processo de conhecimento está em contínua construção. É evidente que o modo como o professor trabalha a perspectiva crítica está informado por sua própria opção ético-científica.

Tema III

Abordagens alternativas para o ensino de didática

A REVISÃO DA DIDÁTICA PASSA POR UMA REFLEXÃO SOBRE A EDUCAÇÃO ESCOLAR

1 – O momento atual é de revisão crítica do ensino da didática. Trata-se de repensar o seu conteúdo e a dinâmica utilizada para trabalhá-lo. Este processo está apenas iniciado e o importante é estimular a busca e o ensaio de novas perspectivas. Neste seminário ficou evidenciado que esta reflexão passa por um aprofundamento de questões tais como: a natureza do saber escolar, a relação escola e sociedade, a competência do professor e suas dimensões, a neutralidade ou não da ciência e da técnica, etc.

RECONSTRUIR O CONTEÚDO

2 – A busca de alternativas para o ensino de Didática supõe analisar o conteúdo habitualmente veiculado por esta disciplina e reconstruí-lo, a partir da tentativa de compreender a prática pedagógica em suas diferentes dimensões e relações.

QUESTÃO BÁSICA: A APRENDIZAGEM ESCOAR

3 – A questão básica que deve informar a revisão da Didática é a que se relaciona com a educação escolar em geral e, em particular, com a das classes populares. Os índices persistentes de evasão e repetência nas primeiras séries do primeiro grau estão aí interpelando o conhecimento existente e suas possibilidades de contribuir efetivamente para a viabilização da aprendizagem dos conteúdos básicos do saber escolar pela maioria da população.

O COMPROMISSO COM A EFICIÊNCIA

4 – É necessário afirmar o compromisso com a eficiência do ensino. Isto não significa interpretar a eficiência tal como o fazem as abordagens tecnológica ou escolanovista. Trata-se de rever o que entendemos por eficiência, perguntarmo-nos pela razão de ser e pelo serviço de que e de quem esta eficiência se situa. A busca de alternativas que viabilizem o acesso ao saber escolar pela maioria da população é indispensável. Ao mesmo tempo, o próprio saber escolar deve ser objeto de uma revisão qualitativa. É nesta perspectiva que situamos o ensino eficiente.

SOLUÇÕES MAS SIMPLES E VIÁVEIS

5 – A preocupação com a eficiência não deve ser entendida como a utilização de meios e técnicas sofisticadas. Pelo contrário: trata-se de partir das condições reais em que se desenvolve o ensino em nossas escolas e buscar formas de intervenção simples e viáveis. Ao mesmo tempo, esta busca deve ir acompanhada da luta pela melhoria das condições de trabalho do profissional de educação.

UM PROCESSO PARTICIPATIVO

6 – A construção destas abordagens alternativas de fato já está iniciada por aqueles que, desde a sua própria prática, repensam o cotidiano escolar. Trata-se de promover um trabalho conjunto entre os professores e Didática e os professores de 1º e 2º graus. É principalmente, nesta interação e troca de conhecimento que se produzirá um novo saber e fazer didáticos.

ARTICULAR O "PENSAR SOBRE A DIDÁTICA E A DIDÁTICA VIVIDA"

7 – É importante articular o "pensar" sobre a Didática com a Didática "vivida" no dia a dia da prática educativa. Em geral, o que se pode ver é uma dissociação entre a Didática que é vivenciada, inclusive nas aulas de Didática, e o discurso sobre o que deveria ser esta própria prática.

Conecte-se conosco:

[facebook] facebook.com/editoravozes

[instagram] @editoravozes

[twitter] @editora_vozes

[youtube] youtube.com/editoravozes

[whatsapp] +55 24 2233-9033

www.vozes.com.br

Conheça nossas lojas:

www.livrariavozes.com.br

Belo Horizonte – Brasília – Campinas – Cuiabá – Curitiba
Fortaleza – Juiz de Fora – Petrópolis – Recife – São Paulo

  Vozes de Bolso

EDITORA VOZES LTDA.
Rua Frei Luís, 100 – Centro – Cep 25689-900 – Petrópolis, RJ
Tel.: (24) 2233-9000 – E-mail: vendas@vozes.com.br